ANWB EXTRA

Berlijn

Wieland Giebel

De 15 hoogtepunten in een oogopslag

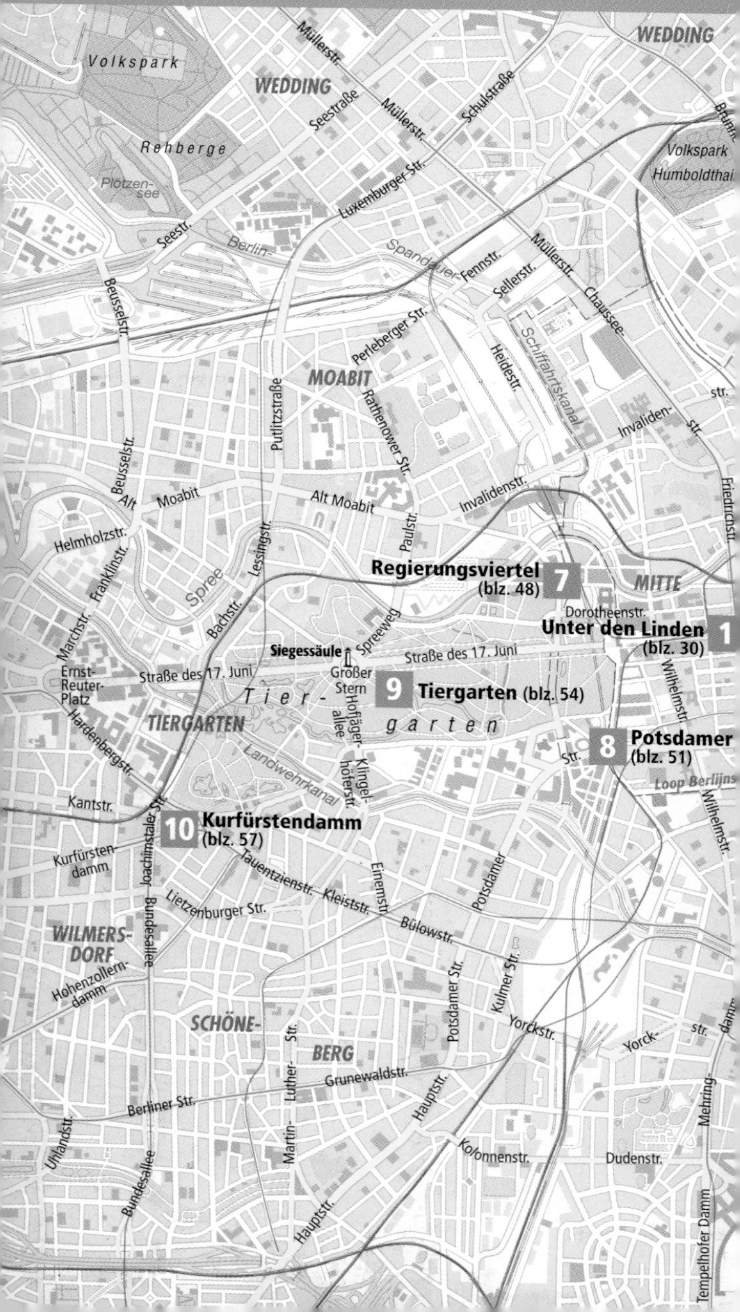

WEDDING
Volkspark
Rehberge
Plötzensee
WEDDING
Müllerstr.
Seestraße
Schulstraße
Luxemburger Str.
Volkspark
Humboldthain
Seestr.
Berlin-
Spandauer-
Fennstr.
Sellerstr.
Chaussee-
Beusselstr.
Perleberger Str.
Heidestr.
Schiffahrtskanal
MOABIT
Putlitzstraße
Rathenower Str.
Invaliden-
str.
Alt Moabit
Invalidenstr.
Friedrichstr.
Helmholzstr.
Paulstr.
Lessingstr.
Franklinstr.
Spree
Regierungsviertel
(blz. 48)
7
MITTE
Bachstr.
Spreeweg
Dorotheenstr.
Unter den Linden
(blz. 30)
1
Marchstr.
Siegessäule
Straße des 17. Juni
Ernst-Reuter-Platz
Großer Stern
9
Tiergarten (blz. 54)
Tier-garten
Wilhelmstr.
Hofjägerallee
TIERGARTEN
8
Potsdamer
(blz. 51)
Str.
Hardenbergstr.
Landwehrkanal
Klingelhöferstr.
Loop Berlijns
Kantstr.
Joachimstaler Str.
10
Kurfürstendamm
(blz. 57)
Kurfürstendamm
Tauentzienstr.
Einemstr.
Potsdamer
Kleiststr.
Lietzenburger Str.
Bundesallee
Bülowstr.
WILMERSDORF
Hohenzollerndamm
Potsdamer Str.
Kulmer Str.
SCHÖNEBERG
Martin-Luther-Str.
Yorckstr.
Yorck-str.
Mehringdamm
Grunewaldstr.
Berliner Str.
Hauptstr.
Uhlandstr.
Kolonnenstr.
Dudenstr.
Bundesallee
Hauptstr.
Tempelhofer Damm

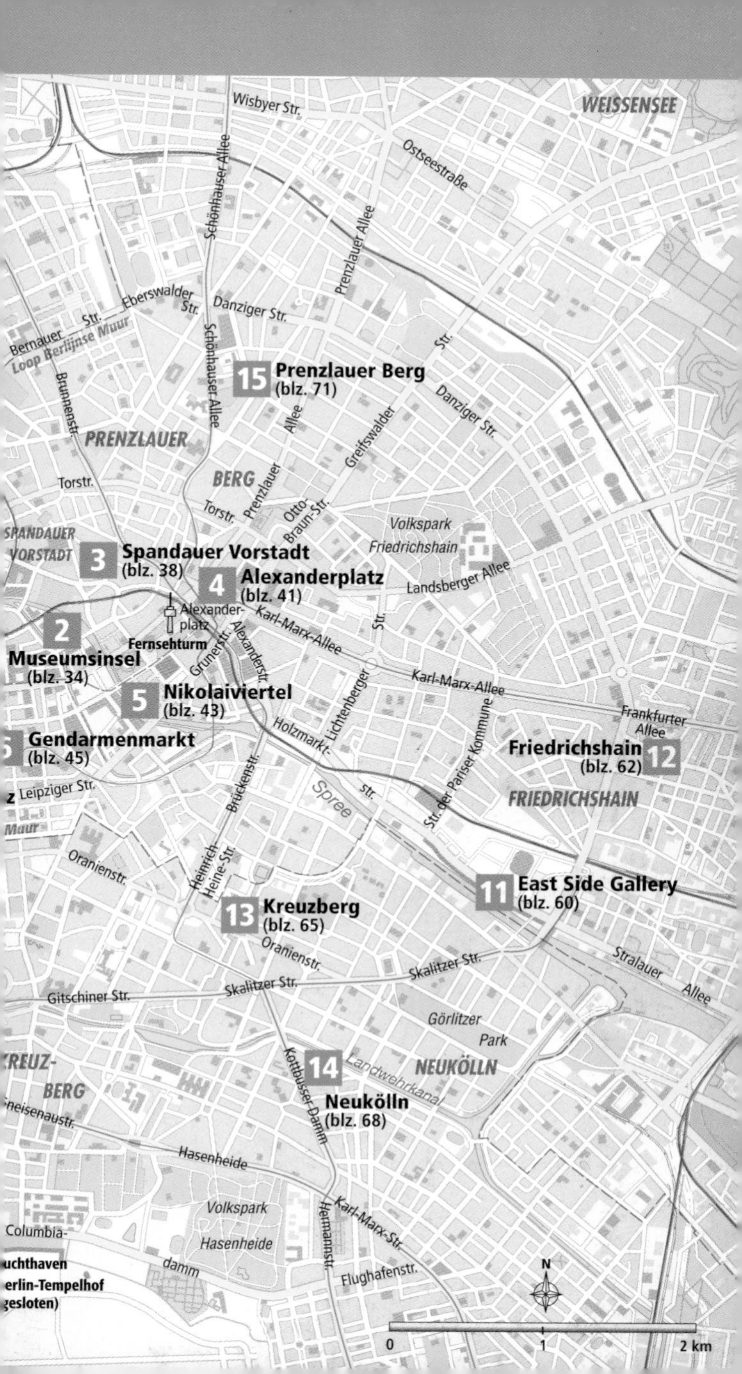

WEISSENSEE
Wisbyer Str.
Ostseestraße
Schönhauser Allee
Prenzlauer Allee
Eberswalder Str.
Danziger Str.
Bernauer Str.
Loop Berlijnse Muur
Str.
15 Prenzlauer Berg
(blz. 71)
Danziger Str.
Brunnenstr.
PRENZLAUER
BERG
Allee
Greifswalder
Prenzlauer
Torstr.
Torstr.
Otto-Braun-Str.
Volkspark
Friedrichshain
SPANDAUER VORSTADT
3 Spandauer Vorstadt
(blz. 38)
4 Alexanderplatz
(blz. 41)
Landsberger Allee
Alexanderplatz
Karl-Marx-Allee
2
Fernsehturm
Grunerstr.
Alexanderstr.
Str.
Museumsinsel
(blz. 34)
Karl-Marx-Allee
5 Nikolaiviertel
(blz. 43)
Lichtenberger
Frankfurter Allee
Holzmarkt-
str.
Gendarmenmarkt
(blz. 45)
Str. der Pariser Kommune
Friedrichshain
(blz. 62) 12
Leipziger Str.
Brückenstr.
Spree
FRIEDRICHSHAIN
Maur
Oranienstr.
Heinrich-Heine-Str.
11 East Side Gallery
(blz. 60)
13 Kreuzberg
(blz. 65)
Oranienstr.
Stralauer Allee
Skalitzer Str.
Skalitzer Str.
Gitschiner Str.
Görlitzer
Park
14
Landwehrkanal
NEUKÖLLN
KREUZ-
BERG
Kottbusser Damm
Neukölln
(blz. 68)
Gneisenaustr.
Hasenheide
Volkspark
Hasenheide
Hermannstr.
Karl-Marx-Str.
Columbia-
damm
Luchthaven
Berlin-Tempelhof
(gesloten)
Flughafenstr.
N
0
1
2 km

Welkom

De 15 hoogtepunten

Te gast in Berlijn

Deze symbolen verwijzen naar de grote stadsplattegrond

Willkommen – Welkom

Cultuur, cafés, classicisme. Eenmaal op de Ebertbrücke is dat allemaal binnen handbereik. Het Bodemuseum en alle andere prachtig gerestaureerde en uitstekend voorziene kunsttempels van het Museumsinsel liggen voor u, op de achtergrond staat de Fernsehturm. Een stukje naar links kunt u in de Oranienburger Straße de hele nacht doorfeesten. Een stukje naar rechts staat u in het classicistische Berlijn voor het ruiterstandbeeld van Frederik de Grote op Unter den Linden.

Ter oriëntatie

Overzicht

Berlijn is een culturele en sociaalhistorische puzzel die uit enkel fascinerende stukjes bestaat. Anders dan in wereldsteden zoals Londen of Parijs gaat u in deze metropool niet eenvoudigweg naar het 'centrum': Berlijn is decentraal georganiseerd en biedt haar bezoekers een grote variëteit aan levendige middelpunten. En Berlijn is groot: de stad heeft een oppervlakte van 900 km² en is de groenste metropool ter wereld!

Berlijns 'Mitte'

Nergens in Berlijn was de grens tussen oost en west zo symbolisch en zo nadrukkelijk aanwezig als bij de **Brandenburger Tor** (▶ F/G 4), die na 1989 overigens even snel tot symbool van de hereniging is geworden. In oostelijke richting kijkt u naar Unter den Linden, de andere kant op naar het groen van Tiergarten. Via de prachtige classicistische boulevard **Unter den Linden** (▶ G-H 4) komt u in het historische hart van de stad en bij het **Museumsinsel**. In de wijk Mitte in het voormalige Oost-Berlijn staan de gebouwen van de Hohenzollern. Daar zetelde de DDR-regering en ook de huidige regering gebruikt een aantal van die historische panden. Zo betrok het ministerie van Buitenlandse Zaken de voormalige zetel van het Centraal Comité van de SED – *Erichs Festung*, naar partijchef Erich Honecker –, een gebouw waarin oorspronkelijk de rijksbank was gevestigd.

Precies op de grens van oost en west, tussen het Reichstaggebouw in de westelijke wijk **Tiergarten** en de Brandenburger Tor in de oostelijke wijk **Mitte**, ontstond het **Regierungsviertel** (▶ F-G 3-4). Sinds 2006 bevindt zich hier Berlin Hauptbahnhof. Het centraal station van de stad biedt nog betere verbindingen met Parijs en Moskou, maar ook met bijvoorbeeld Elsterwerda en Angermünde.

Ook de **Potsdamer Platz** (▶ F/G 5), twintig jaar geleden nog een braakliggend terrein rond de Muur, ontwikkelde zich tot verbindend element tussen oost en west, een klein media-eiland met bioscopen en een filmmuseum.

Het Nikolaiviertel en de Spandauer Vorstadt

Aan de oever van de Spree herinnert de middeleeuws aandoende wirwar van steegjes van het **Nikolaiviertel** (▶ J 4) aan het ontstaan van Berlijn. De oorspronkelijke gebouwen van dit historische centrum werden in de oorlog grotendeels verwoest en daarna herbouwd – deels met systeembouw.

In de verder naar het noorden gelegen **Spandauer Vorstadt** (▶ H-K 2-3), een arbeiders- en later joodse wijk, draait het om de restaurants, de galeries en de designerboetieks. Maar 's avonds en 's nachts is dit het domein van kunstenaars, straatmadeliefjes, lokale drinkebroers en toeristen, die elkaar hier tot in de kleine uurtjes rendez-vous geven.

Charlottenburg

In de wijk die zijn naam dankt aan **Schloss Charlottenburg** (▶ ten westen van A 4) woonde ooit de Pruisische aristocratie. Nog altijd straalt Charlottenburg een zekere noblesse uit en de wijk is dan ook zeer in trek bij yuppen. De chique etablissementen en de traditionele kroegen tussen het beursterrein en Bahnhof Zoo zijn een ontmoetingsplaats van mensen die de levenskunst menen te beheersen.

Consumptie en commercie concentreren zich rond de 19e-eeuwse **Kurfürstendamm** (▶ A-C 6). Op de met bomen omzoomde boulevard, die tijdens de Koude Oorlog de 'etalage van het westen' werd genoemd, gaan oud en nieuw hand in hand. De straat nodigt uit tot flaneren en winkelen; u kunt het bijna niet verzinnen of het is hier te koop. De **Savignyplatz** (▶ A/B 5) is de zitkamer van de Kurfürstendamm, want hier verdringen zich de cafés en restaurants.

De trendy wijken van Berlijn

Kreuzbergs 'SO 36' (▶ J-L 5-7) en **Neukölln** (▶ ten zuiden van L-M 8) zijn een smeltkroes van culturen. Hier wonen veel Turkse stedelingen, wat de wijken de betiteling 'Klein-Istanbul in Berlijn' heeft opgeleverd. De omgeving van de **Oranienstraße** en de Kottbusser Tor is bijzonder filmgeniek – en dat is meer mensen opgevallen, want er wordt hier regelmatig gedraaid. U vindt hier de meest uiteenlopende etablissementen, van Franse en Japanse tot Italiaanse, Vietnamese en natuurlijke Turkse. De mensen kennen elkaar hier, de uitstraling is cool en jeugdig. Desondanks wordt het beeld in de wijk niet alleen bepaald door hippe en succesvolle Turken, maar ook door moeders met hoofddoekjes en hun kinderen.

In de trendy wijk **Friedrichshain** (▶ ten oosten van M 4) rond de Boxhagener Platz en de Simon-Dach-Straße voelt men zich net zoals in Kreuzberg voor de val van de muur. De huren van rond de € 5 per m² trekken veel studenten. Jonge toeristen zullen zich hier zeker op hun gemak voelen.

Verder naar het noorden in **Prenzlauer Berg** (▶ K-M 1), een wijk van huurkazernes uit de 19e eeuw, was de weerstand tegen 'de hoge heren' traditie, ook in de tijd van de DDR. Nu is dit weer een aangename woonomgeving, en de kroegen rond de watertoren en aan de Kollwitzplatz zijn beslist een bezoekje waard.

Treinknooppunt met een indrukwekkende architectuur – het nieuwe Berlin Hauptbahnhof

Kennismaking, Berlijn in cijfers

Berlijn!

Bewaart u andere steden maar voor als u met pensioen bent. In Berlijn is het feest voor iedereen. Aan het begin van de jaren negentig leek de stad nog het meeste op een net gelanceerde raket waarvan men het vertrek in de herhaling bekeek, maar vandaag de dag lijkt Berlijn onstuitbaar in haar dadendrang.

Berlijn is van oudsher een toevluchtsoord voor iedereen die de bekrompenheid van de provincie of de gevestigde orde van andere grote steden wil ontvluchten. Dit explosieve mengsel van ondernemende, dynamische en nieuwsgierige mensen krijgt gezelschap van de vele bezoekers van de stad, die zich een beeld van het nieuwe Berlijn willen vormen.

Zij ervaren ter plaatse wat deze metropool nu echt laat vibreren: 180 *beats per minute* in de clubs, dramatiek die het hart sneller doet kloppen tijdens de uitvoeringen in de Deutsche Staatsoper, een opwindend ritme bij nachtelijke shows en musicals, en rustgevende alfagolven tijdens het flaneren, een etentje, een museumbezoek of een adempauze op een terrasje.

Waarom is Berlijn zo hip?

Berlijn heeft een heel bijzonder verleden. Berlijn is ongeveer een derde goedkoper dan andere metropolen; zelfs de sterrenrestaurants blijven er betaalbaar. In Berlijn kan heerlijk worden gefietst. Bovendien is Berlijn onwaarschijnlijk groen, met bomen in vrijwel elke straat. De clubs verwelkomen elk weekend bezoekers en staan voor elke seksuele voorkeur open. Berlijn heeft meer musea dan regendagen. En de stad brengt telkens weer wat nieuws. Steeds wanneer de buitenwereld denkt dat het nu wel eens afgelopen zal zijn met al die bouwplaatsen, verrijst ergens wel weer een nieuwe torenflat of worden diepe tunnels voor een metro gegraven.

De opwindendste plek van Europa

De verleiding om van de nacht een dag te maken, is een van de grootste charmes van Berlijn. De stad kent winterslaap noch zomers flegma – Berlijn slaapt niet, maar biedt met 1500 evenementen per dag (!) voortdurend opwinding en inspiratie – en dient zodoende als elixer vóor iedereen die de burgerlijke zelfvoldaanheid wil ontvluchten. Veel mensen zien Berlijn tegenwoordig als een soort themapark met een bundel geschiedenis, wat exotica en de droom van een grote toekomst. De stad is zonder enige twijfel met afstand de opwindendste plek van Europa.

Integratie

Berlijn staat voor wrijving en is allesbehalve een gestroomlijnde stad. De metropool heeft in de loop der eeuwen mensen uit de hele wereld getrokken. Ze kwamen omdat ze voor een oorlog in hun moederland moesten vluchten, zoals de hugenoten in de 18e eeuw en de Bosniërs twee decennia geleden. Ze zagen in deze stad kansen om te overleven en een nieuw bestaan op te bouwen. Of ze kwamen zoals vroeger de joden uit Rusland en later de Sileziërs of zoals nu de Polen, de Turken en de Russen, omdat ze vertrouwden en vertrouwen op de integratiekansen in Berlijn, op de flexibiliteit van de stad om nieuwe zaken op te nemen en die zelfs voor een proces van zelfvernieuwing te gebruiken – als een slang die doorlopend vervelt.

Hoewel Berlijn nog niet eens de helft van het aantal buitenlanders in bijvoorbeeld Frankfurt of München huisvest, drukt die groep hier een groter stempel op het stadsbeeld dan in die steden: ontelbare dönerstalletjes, Russische galeries en restaurants, een schare bouwvakkers en architecten uit alle delen van de wereld die in de Friedrichstraße werkt en een kleurrijke, internationale gemeenschap kunstenaars in het Scheunenviertel en in Prenzlauer Berg.

Breuken en kenteringen

In dit verband worden graag de wilde jaren twintig van de vorige eeuw als voorbeeld aangehaald, waarin – volgens de mythe – de lichten in Berlijn nooit uitgingen. Toch volgden de jaren dertig met het fascisme, dat vanuit Berlijn werd geleid. De jaren veertig brachten ellende en verwoesting over vrijwel heel Europa en veranderden de stad zelf in een puinhoop. In de jaren vijftig werd de stad van de vier mogendheden een centrum van spionage. De jaren zestig brachten de bouw van de Muur en de ontwikkeling van West-Berlijn tot een fonkelend en provocerend consumptie-eiland midden in de DDR, maar ook de studentenopstand. De jaren zeventig lieten Berlijn zowel in het oosten als het westen tot een centrum van alternatievelingen worden en de hedonistische jaren tachtig werden afgesloten met de val van de Muur.

En in het eerste decennium van het nieuwe millennium is Berlijn alweer helemaal veranderd. De open gaten in het centrum zijn stuk voor stuk volgebouwd. Niet alleen rond de Leipziger Platz, maar ook op de Alexanderplatz waar het enorme winkel- en uitgaanscentrum Alexa met alle bekende ketens is verrezen, en langs de East Side Gallery waar woningen, uitgaanscentra en de O2-World-Arena van de be-

Berlijn heeft de levendigste kunstscene van Duitsland – op de foto de IFA-galerie

Aan de karakteristieke binnenplaatsen zijn vaak cafés, winkeltjes, ateliers of bedrijfjes te vinden

kende Amerikaanse Anschutz-groep zijn gebouwd.

Een bijzondere negorij

De stadsbestuurders, de stedenbouwkundigen en de investeerders zijn zich er waarschijnlijk nauwelijks van bewust dat ze zich een voorstel van Friedrich Engels eigen hebben gemaakt. Die schreef namelijk al in 1885 over Berlijn: 'Verbouw die hele negorij van onder tot boven, dan wordt het misschien nog eens wat.'

Omgang met het verleden

Berlijn is centraal noch hiërarchisch gestructureerd, en niemand kan in dat chaotische systeem zeggen dat hij de baas is. Maar de sporen van de tijd dat alles anders was, zijn niet weggemoffeld. Ze zijn gebleven in tentoonstellingen als 'Topographie des Terrors', bewaard in de monumenten voor het verzet tegen de nazi's of hebben na jarenlang touwtrekken als holocaust-monument voor de vermoorde joden van Europa een bijzondere plaats midden in de hoofdstad gekregen. Het Mauermuseum bij het voormalige Checkpoint Charlie, de grensovergang van de geallieerden, vertelt het verhaal van de Koude Oorlog. Te midden van deze geïnstitutionaliseerde getuigen van het verleden doet het wel wat onevenwichtig aan dat er aan de joodse geschiedenis drie grote projecten zijn gewijd (museum, monument en 'Topographie des Terrors'), maar dat er nergens in de stad nog een oorspronkelijk, niet van kunstuitingen voorzien stuk van de Muur staat, al was het maar om de verschrikkingen daarvan ook blijvend onder de aandacht te brengen.

Niet verslappen

Feest voor iedereen. Feest doet het goed in Berlijn. De clubs floreren, er hebben zich platenmaatschappijen en muziekzenders in de stad gevestigd, de modebranche richt zich op Berlijn. Modebeurzen worden 's avonds in de clubs voortgezet en uitgezonden op de muziekkanalen van de televisie. Trouwens, Berlijn is op alle televisiekanalen te zien. Maar eigenlijk valt er in de feestlustige stad niet zoveel te vieren. Slechts 39,4 % van de inwoners heeft een baan (1991: 48 %). Bijna een even groot deel, namelijk 38,6 % (26 %), heeft een uitkering, en nog eens 22 % leeft op kosten van zijn of haar ouders of partner. In heel Berlijn krijgt een op de dertien huishoudens overheidssteun, maar in de probleemwijken is dat een op de zes huishoudens. Begin 2007 kregen 682.000 inwoners een uitkering en moest een op de vier Berlijners maandelijks rondkomen van minder dan € 700.

Een kwart van alle jeugdige allochtonen in Berlijn komt zonder diploma van school en nog eens 40 % maakt met moeite het basisonderwijs af. Toch lijkt er met het hoge aandeel twee- en drietalige stedelingen – rond de twee miljoen – een groot potentieel braak te liggen. De meesten spreken overigens Russisch, gevolgd door Turks en Pools. Wereldtaal Engels komt pas op plaats vier.

De schulden van Berlijn hebben een enorme dimensie aangenomen. Zelfs met de 405 miljoen euro die de stad voor de verkoop van de grootsste woningbouwvereniging – met een bestand van 65.000 woningen, een middelgrote stad – aan een Amerikaanse investeerder ontving, kan maar een fractie van de rente worden voldaan van een schuld die in 2009 meer dan 60 miljard euro bedroeg. Elke seconde stijgt de schuld met € 51. Bovendien heeft Berlijn met een werkloosheidscijfer van 16 % ook nog het grootste aandeel in de landelijke uitgaven op dat gebied.

Vuurproef

En wat staat Berlijn de komende jaren te wachten? Feesten en een lege kas. Vrijwel de gehele belastingopbrengst over 2009, altijd nog 8,6 miljard euro, gaat op aan personeelskosten.

Maar de stad heeft slechtere tijden gekend. Zoals 500 miljoen jaar geleden, toen Berlijn verscheurd was. Het huidige Scandinavië en het huidige Centraal-Europa lagen op twee verschillende aardschollen, en het gebied waar tegenwoordig Berlijn ligt, bevond zich precies op de grens. Het noorden van Berlijn lag op het continent Baltica, het zuiden op Avalonia.

Turken in Berlijn

Van de 470.000 allochtonen in Berlijn (dat 3,4 miljoen inwoners telt) zijn er 120.000 van Turkse afkomst, van wie een op de vijf een Duits paspoort heeft. Alleen al het afgelopen decennium zijn er 20.000 Turken ingeburgerd. De Turken van Berlijn vormen de grootste Turkse gemeenschap buiten Turkije. Het is een zeer heterogene gemeenschap, die bestaat uit voormalige 'gastarbeiders' die gebroken Duits praten, succesvolle jonge ondernemers, politici, strenggelovige moslims en jonge vrouwen in korte rokjes. In 1962 woonden er 511 Turken in Berlijn, in 1973 al 79.400. De islam is na het protestantisme en het katholicisme de derde religie in Berlijn. Er zijn 22 moskeeën en tegen de tachtig kleinere gebedsruimten. De 5500 Turkse bedrijven zijn met hun 27.000 werknemers goed voor een omzet van 2,2 miljard euro; men is vooral actief in de detailhandel (50 %), de horeca (25 %) en het bouwbedrijf (10 %). De krantenverkoop in Berlijn bevindt zich stevig in Turkse handen. Sinds eind jaren tachtig hebben Berlijners van Turkse afkomst zeshonderd woningen en bedrijfspanden in de stad gekocht. En Turkse bedrijven houden zich bezig met de restauratie van de 19e-eeuwse panden van Berlijn.

De moderne bezoeker lijkt de huidige tectonische spanningen, de dynamische verbouwing van de stad, te waarderen, want nog nooit trok Berlijn zo veel toeristen. Nog maar vijftien jaar geleden werden er 7,3 miljoen overnachtingen per jaar geregistreerd, inmiddels is dat aantal opgelopen tot bijna 19 miljoen. Naar schatting 225.000 Berlijners leven van het toerisme.

'Das Leben der Anderen'

In Berlijn worden jaarlijks zo'n driehonderd films en afleveringen van televisieseries opgenomen: 'Wolffs Revier', 'Rosa Roth', 'Das Leben der Anderen', 'Marlene', 'Stauffenberg' met Tom Cruise, enzovoort. Bij de plaatselijke politie beschikt men over een speciale afdeling om deze zaken te stroomlijnen. Daar zijn ook politiehelikopters, een authentieke gevangenis, uniformen, hekken voor afzettingen, waterkanonnen en politieboten te huur. Het overleg, de locatiebepalingen en de overige logistieke begeleiding kostten de gemeenschap vorig jaar ongeveer twee miljoen euro. Het grootste succes van de Berlijnse productiemaatschappij X-Filme was de film 'Good bye, Lenin'. In Berlijn werken bij 1700 bedrijven in totaal 33.700 mensen aan bioscoop- en televisieproducties – een record in Duitsland.

Berlijn is niet duur

Voor bezoekers zijn het relatief lage kostenniveau en de lage lonen in de horeca mooi meegenomen, want de prijzen zijn daardoor gematigd. Berlijn staat qua prijsniveau op de twaalfde plaats van de Europese metropolen.

Berlijn is betaalbaar tot echt goedkoop, of het nu om een hotelkamer, kleding of een avondje stappen gaat. Dit is dus hét moment om te investeren, bijvoorbeeld in een mooie winkel, een kantoor of een atelier.

Er is waarschijnlijk geen stad ter wereld met zo veel toprestaurants waar u zo weinig voor uw maaltijd betaalt. Natuurlijk, goede restaurants zijn duur, hier ook. Maar toch minder duur dan elders!

Huisnummers

In Berlijn kunt u er niet van uitgaan dat even en oneven nummers ongeveer op dezelfde hoogte tegenover elkaar liggen. In 1798 werd bepaald dat huizen aan bijvoorbeeld de Kurfürstendamm ten opzichte van het vroegere stadskasteel rechts oplopend en links aflopend moesten worden genummerd.

Feiten en cijfers

Stichting: Berlijn is ontstaan uit de handelsnederzettingen Cölln en Berlin, waarvan in 1237 respectievelijk 1244 voor het eerst melding werd gemaakt. Groot-Berlijn kreeg haar huidige vorm door een ruimtelijke herindeling in 1920.
Oppervlakte: 88.912 ha, ofwel bijna 900 km², waarvan 67,8 % bebouwd, 17,5 % bos en 6,4 % water.
Bevolking: 3,4 miljoen inwoners, evenveel als het aantal inwoners van heel Zuid-Holland. De stad telt 470.000 allochtonen. Berlijn wordt omsloten door de deelstaat Brandenburg (2,5 miljoen inwoners).
Stadsbestuur: Berlijn is opgedeeld in twaalf stadsdelen, met elk een eigen burgemeester. De senaat, het stadsbestuur, zetelt in het Rote Rathaus.
Varia: Berlijn telt meer bruggen dan Venetië en meer grachten dan Amsterdam. De Fernsehturm is met 368 m de op twee na hoogste ter wereld.

In de Spandauer Vorstadt bepalen eind-19e-eeuwse huizenrijen het beeld

Vanaf de Alexanderplatz loopt de nummering aan weerszijden van de straten echter wat meer gelijk op.

Berlin, Bärlin

Jammer genoeg heeft destijds niemand eraan gedacht om op te schrijven waarom de beer op het wapen van Berlijn terechtkwam. In 1280 duikt het dier voor het eerst op een zegel op. De wetenschappelijke onderzoekers en taalkundigen komen maar niet tot overeenstemming over het hoe en waarom. Omdat Berlijn lange tijd bevolkt is geweest door Slavische volken, zou het kunnen zijn dat de naam Berlijn van het Oud-Poolse woord voor 'stad aan het moeras' is afgeleid. Maar dat klinkt toch niet al te fraai, zo modderig en ergens achteraf. Veel mooier is de verklaring van andere wetenschappers, die Berlijn als 'verzamelplaats van beren' duiden (Berlin zou dan komen van *Bär*-lin, het Duitse woord voor 'beer'). De beren wisten van de doorwaadbare plaats in de Spree en zochten een hol in de buurt. Vervolgens kregen ook de mensen de doorwaadbare plaats in de gaten, waarna ze zich in dit gebied vestigden.

Het wapen van Berlijn

Geschiedenis, heden, toekomst

Stichting

Aan weerszijden van de Spree lag een kleine handelsnederzetting. Berlin werd in 1244 voor het eerst in een oorkonde genoemd, de nederzetting ertegenover al in 1237. Recente opgravingen in de buurt van het Rote Rathaus tonen aan dat hier al voor die tijd mensen hebben gewoond.

Berlijn onder de Hohenzollern

In 1440 kwam vrijhandelsstad Berlijn in handen van de Hohenzollern. De Berlijners weigerden zich te onderwerpen, zetten de bouwplaats van het kasteel onder water en verjoegen de belastingambtenaren. Maar uiteindelijk dolven ze het onderspit. De Hohenzollern bleven tot 1918 aan de macht.

De Dertigjarige Oorlog richtte een bloedbad aan in Berlijn, want eind 1648 telde de stad nog maar 6000 inwoners. Hierop nodigde de Grote Keurvorst Frederik Willem de vervolgde hugenoten uit Frankrijk uit om zich in de stad te vestigen. Zijn zoon liet zich in 1701 in Königsberg tot koning Frederik I van Pruisen kronen. De legendarische Frederik de Grote (regeerperiode 1740-1786), een verlicht heerser, legde de basis voor het historische Mitte van Berlijn en wist Pruisen via diverse oorlogen tot een van de vijf grootste Europese mogendheden op te werken.

In 1806 trok Napoleon Berlijn binnen; het vierspan van de Brandenburger Tor werd als oorlogsbuit naar Parijs gebracht. Tegelijkertijd gaf de Franse Revolutie de Pruisische hervormers een duwtje in de rug. In 1848 wilde de burgerij net als elders in Europa een aandeel hebben in de macht. Maar de revolutie werd met geweld de kop ingedrukt.

In 1871, na de succesvolle oorlog tegen Frankrijk, werd Berlijn hoofdstad van het Duitse Rijk. Pruisen ging op in Duitsland. Dankzij de hoge herstelbetalingen uit Frankrijk brak een tijdperk van stadsuitbreiding en industriële expansie aan. Tussen 1882 en 1905 groeide het aantal inwoners van Berlijn van twee naar drie miljoen.

De Weimarrepubliek

Duitsland kwam geslagen uit de Eerste Wereldoorlog (1914-1918). De oorlog eindigde met de revolutie, de Hohenzollern deden afstand van de macht en de republiek werd uitgeroepen. In 1920 werden zeven steden, 59 gemeenten en 27 districten samengevoegd tot de metropool Groot-Berlijn, die destijds meer inwoners telde (vier miljoen) dan tegenwoordig. Elke dag verschenen er 150 kranten in de stad, de variététheaters bloeiden en de elektronicabeurzen, de AVUS-autoraces en wielerzesdaagsen trokken een groot publiek. Onzekerheid, wisselende regeringen en de economische wereldcrisis zorgden voor onrust in het land.

Berlijn onder de nazi's

In 1933 gebruikten de nationaalsocialisten de brand in de Reichstag om elke oppositie de kop in te drukken en in 1936 maakten ze de Olympische Spelen tot een propagandashow. In 1938 werden synagogen vernield. De latere uitroeiing van de joden beroofde Berlijn van een in cultureel opzicht bepalende bevolkingsgroep.

In 1945, aan het einde van de Tweede Wereldoorlog, was Berlijn één grote ruïne met nog maar 2,4 miljoen inwoners. In de Slag om Berlijn kwamen meer dan 200.000 mensen om het leven. De door het Russische leger veroverde stad werd opgedeeld in een Russische, een Amerikaanse, een Britse en een Franse sector.

Gedeelde stad

Van juni 1948 tot mei 1949 blokkeerden de Russen de toegangswegen naar West-Berlijn. De stad lag midden in de Russische zone. Hierop voorzagen de Amerikanen, Britten en Fransen Berlijn via een luchtbrug van voedsel. Amerikaanse piloten dropten chocolade voor de kinderen uit hun 'rozijnenbommenwerpers'. De Russische sector van de stad lag in de DDR, die in 1949 als tweede Duitse staat in de door de Russen bezette zone werd gesticht.

Op 17 juni 1953 sloegen Russische tanks een arbeidersopstand in Oost-Berlijn neer. Op 13 augustus 1961 liet de regering van de DDR een muur om West-Berlijn bouwen, want inmiddels waren meer dan drie miljoen burgers het land ontvlucht. Dit was een tijd van concurrerende politieke en economische systemen aan weerszijden van de muur en een tijd van spionnen en geheim agenten.

In het westen van de stad werd tijdens een demonstratie tegen de sjah van Perzië op 2 juni 1967 de student Benno Ohnesorg door een agent doodgeschoten (de agent is inmiddels ontmaskerd als geheim agent van de Oost-Duitse staatsveiligheiddienst). Dit incident leidde tot studentenrellen en de oprichting van de zogeheten Beweging van '68.

Samengroeien

De afbrokkeling van het Oostblok onder de Russische president Gorbatsjov, de machteloosheid van de DDR-leiders en de massaal uitgedragen wens tot politieke veranderingen door de DDR-burgers leidden op 9 november 1989 tot de val van de Muur en op 3 oktober 1990 tot de hereniging van de beide Duitslanden. In 1999 verhuisde de regering van Bonn naar Berlijn.

Pompeus ruiterstandbeeld voor Frederik de Grote aan het Forum Fridericianum

Berlijn bouwt aan haar toekomst

Berlijn wordt verder verbouwd. De stad die ooit meer inwoners had dan nu is gezegend met heel veel ruimte. Tussen het Rote Rathaus en de stokoude Marienkirche ligt onder de straatstenen rond de Neptunusfontein de voormalige Neue Markt, die teruggaat tot de tijd van de stichting van de stad. De DDR-regering heeft het marktplein laten opruimen, maar over een paar jaar zal hier waarschijnlijk weer een heel nieuwe wijk verrijzen. Daarover wordt momenteel discussie gevoerd. En andermaal is die discussie aangezwengeld door burgers, net als bij het Holocaust-monument en bij het behoud van het historische Mitte en de Lustgarten.

Reizen naar Berlijn

Met het vliegtuig

Luchthaven Tegel (TXL): ▶ kaart 5. Tegel heeft een goede verbinding met het openbaar vervoer in Berlijn. Bus 109 rijdt naar de Jakob-Kaiser-Platz (aansluiting met U 7) en verder naar Bahnhof Zoo. Snelbus X9 rijdt naar de Kurfürstenstraße / Lützowplatz (hotelwijk). De TXL-snelbus rijdt dag. van 6.30 tot 22 uur, ongeveer eens per kwartier, naar onder andere het Reichstaggebouw, Unter den Linden en Alexanderplatz. In de zomer van 2012 wordt Tegel gesloten en het vliegverkeer via de nieuwe luchthaven Schönefeld (BBI) afgewikkeld.

Luchthaven Schönefeld (SXF): ▶ kaart 5. Van de terminal naar het station van de luchthaven kunt u de gratis shuttle nemen, maar te voet bent u vaak sneller. Bus 171 rijdt vanaf de luchthaven naar metrostation Rudow (U7). Ook kunt u de Airport Express nemen die in een halfuur via het Ostbahnhof naar Bahnhof Zoo rijdt of met de S45 via Tempelhof naar het beursterrein in Charlottenburg gaan (Bahnhof Messe Nord / ICC). De luchthaven ligt sinds kort in tariefzone C van het Berlijnse openbaar vervoer, dus buiten de beide binnenstadzones (zie blz. 19).

Aanwijzingen voor automobilisten: in totaal zes autosnelwegen komen uit op de Berliner Ring, die om de stad heen loopt en toegang tot alle stadsdelen verschaft. Voor een **parkeerplaats** moet u overal in de binnenstad en 24 uur per dag betalen. Dat voorstel kwam uit de koker van het stadsdeel Mitte, dat blijkbaar dag en nacht inkomsten nodig heeft. Houd er rekening mee dat het gilde sleepbedrijven goed georganiseerd is en sneller ter plekke is dan u voor mogelijk had gehouden. Let verder ook goed op parkeerverboden, vooral die bij bouwplaatsen en inritten. Als uw auto weg is, dan kunt u via tel. 030 466 40 te weten komen waar hij staat en hoe u uw voertuig weer terugkrijgt. In het centrum van Berlijn is het verboden voor personenauto's zonder **milieusticker**, die verkrijgbaar is bij alle ANWB-winkels (neem een geldig legitimatiebewijs en uw kentekenbewijs mee!) of via de websites tuev-nord.nl en dekra.nl). Ook sommige hotels bieden hun gasten deze service aan.

Met de trein

Dagelijks rijden er vijf treinen vanaf Schiphol rechtstreeks naar Berlijn. Reizigers vanuit Brussel moeten in Keulen overstappen. De internationale treinen komen aan op **Berlin-Hauptbahnhof** (▶ F 2/3) bij het Regieringsviertel. Op Bahnhof Zoo stoppen geen internationale treinen. Wie in het stadsdeel Mitte of in het oosten van Berlijn moet zijn, kan beter verder reizen naar het **Ostbahnhof** (▶ M 5). Alle stations van Berlijn zijn aangesloten op het U- en/of S-Bahn-net. Voor informatie over het treinverkeer surft u naar bahn.de, nshispeed.nl of b-rail.be.

Met de bus

Vanuit vele Nederlandse en Belgische steden rijden bussen van Eurolines naar

Berlijn. Het busstation bevindt zich bij het beursterrein in Charlottenburg, tegenover het Internationale Congress Centrum (Masurenallee 4, U-Bahn: Kaiserdamm, bus 149 vanaf Zoologische Garten, S-Bahn: Messe Nord / ICC). Nadere informatie kunt u krijgen via: tel. 030 861 93 31, berlinlinienbus.de of in Nederland tel. 020 560 87 88, eurolines.nl, in België 02 274 13 50, eurolines.be

Reizen in Berlijn

Met het openbaar vervoer

De netwerken van de U-Bahn (in deze gids afgekort tot U) en de S-Bahn (afgekort tot S) zijn uitgebreid. Een dagkaart voor twee zones, die de hele stad beslaan, kost € 6,10, met korting € 4,40, een enkel kaartje € 2,10/€ 1,40. Potsdam en enkele andere randgebieden behoren tot de derde tariefzone. Een weekkaart voor twee zones kost € 26,20 per persoon. Interessant zijn de kaarten voor kleine groepen, waarop na afstempeling vijf personen een volle dag kunnen reizen, tot 3 uur de volgende dag (€ 15,90). Nadere informatie vindt u op de website van de BVG, bvg.de. Alle kaartjes zijn ook bij de automaat verkrijgbaar.

De metrolijnen rijden vanaf 4 uur tot middernacht, maar op een aantal trajecten wordt 24 uur per dag gereden. Dankzij een omvangrijk busnet kunt u ook goed uit de voeten in stadsdelen waar U- en S-Bahn schaars zijn. Veel nachtbussen rijden om het halfuur. In de BVG-kiosk op Bahnhof Zoo kunt u een gratis kaart met alle nachtlijnen krijgen. In het oosten van de stad rijden ook trams.

Informatie: tel. 030 194 49, bvg.de

Met de taxi

In Berlijn hoeft u meestal niet lang te wachten tot er een taxi (een van de 7000 in de stad) langskomt.

Taxi's met mobilofoon: tel. 030 44 33 22, 030 26 10 26, 030 21 02 02 of 0800 222 22 55.

De vaste prijs voor een taxirit van luchthaven Tegel naar het westen van Berlijn is € 15, naar het oosten € 20. Beide prijzen zijn voor maximaal vier personen met bagage. Stilstaan in de file kost extra. Als u maar een klein stukje (max. 2 km) met de taxi wilt, vraag dan bij het instappen naar een 'Kurzstrecke'. U betaalt dan een vast bedrag van € 4 (alleen bij taxi's die u op straat aanhoudt).

Autoverhuur

Avis: Budapester Straße 41, tel. 030 230 93 70; op luchthaven Tegel, tel. 030 41 01 31 48; op luchthaven Schönefeld, tel. 030 60 91 57 10, avis.de

Sixt: Nürnberger Straße 65, tel. 0180 525 25 25, sixt.de

Fietsverhuur

Kosten: 1 uur € 5, per dag ca. € 15, drie dagen € 35, per week € 50.

Reserveringscentrale: tel. 0180 510 80 00, fahrradstation.de; afhaallocaties:

Met de **WelcomeCard** kunt u gedurende 48 uur (€ 16,90) of 72 uur (€ 22,90) onbeperkt gebruikmaken van het openbaar vervoer in de stad en krijgt u tot 50 % korting op talloze toeristische en culturele attracties. Iedere volwassene kan maximaal drie kinderen onder de 14 jaar meenemen (berlin-welcomecard.de, verkrijgbaar bij de loketten van de openbaarvervoersbedrijven, de toeristencentra en veel hotels). De **City Tour Card** (citytourcard.com) is geldig voor het hele vervoersnet in het tariefgebied AB en kost voor 48 uur € 15,90 en voor 72 uur € 21,90. Ook met deze kaart kunt u bij vele attracties korting krijgen.

Dorotheenstraße 30, Leipziger Straße 56, Augustastraße 29a, Bergmannstraße 9, Goethestraße 46, Kollwitzstraße 77, ma.-vr. 8-19/20, za. 9-14/20, zo. 10-14/16 uur.

Call a Bike: tel. 0700 052 25 52, callabike.de; in ruil voor het nummer van uw creditcard krijgt u een code waarmee u de fiets van het slot kunt halen; 8 cent per min., € 15 per dag, € 60 per week.

Met de fietstaxi

De eivormige driewielers bieden plaats aan twee volwassenen, die zich over vaste trajecten (eerste km € 5, daarna € 3 per km, halfuur vanaf € 18) of langs toeristische routes (mrt.-okt. dag. 10-20 uur) kunnen laten vervoeren. U kunt zo'n riksja op straat aanhouden of bestellen via tel. 030 93 95 83 46 of biketaxi.de

Rondritten

Aan te bevelen is een ritje met bus 100, die langs vele bezienswaardigheden rijdt. Bus 200 steekt de Potsdamer Platz over. Bus M29 volgt een soort stadssociologische route, die begint in de arme wijk Neukölln en via Kreuzberg en de Kurfürstendamm bijna tot in het chique Grunewald voert. In het voormalige Oost-Berlijn is een rit met tram M1 aan te bevelen, die van station Friedrichstraße door de Oranienburger Straße en langs de Hackesche Höfe naar Prenzlauer Berg rijdt.

Vanaf de Kurfürstendamm, tegenover de Gedächtniskirche, en vanaf de hoek Unter den Linden / Friedrichstraße vertrekt in het hoogseizoen elk kwartier wel een bus voor een rondrit door de stad. U kunt kiezen uit verschillende ondernemingen, maar de bussen volgen nagenoeg dezelfde route. De prijs van de circa twee uur durende rit is afhankelijk van of u boven of beneden zit en of het commentaar live wordt gegeven of op een bandje staat. De 'hop on-hop off'-variant kost € 20, maar dan kunt u onderweg uit- en weer instappen wanneer u maar wilt. Tijdens evenementen rijden de bussen soms een andere route.

Berlijn vanaf het water

Vanaf het water wekt Berlijn een heel andere indruk dan wanneer u zich in de drukte bevindt: rustig, groen, ontspannen. De boten leggen aan voor het **Zeughaus** (▶ H/J 3/4) en de **Dom** (▶ J 3), bij de **Jannowitzbrücke** (▶ K 4) en in Potsdam, An der langen Brücke.

De populairste boottocht voert in 3,5 uur (afhankelijk van de rederij, bijv. mrt.-okt. 10, 11.10, 14 en 15.10 uur) door het Nikolaiviertel, langs het Museumsinsel, door het Regierungsviertel en terug door het Landwehrkanal. Onderweg passeert u 65 van de duizend bruggen in Berlijn. Tijdens de tocht van een uur ziet u vooral de regeringsgebouwen en het parlement.

Stern- und Kreisschiffahrt: tel. 030 536 36 00, sternundkreis.de, 3,5 uur vanaf de Jannowitzbrücke, verscheidene keren per dag, € 17,50; 1 uur vanaf het **Nikolaiviertel** (▶ J 4), vanaf 10.30 uur vrijwel elk halfuur, € 9,50.

Reederei Heinz Riedel: tel. 030 693 46 46, reederei-riedel.de, biedt bijvoorbeeld een drie uur durende tocht over de Spree en het Landwehrkanal door historisch en modern Berlijn voor € 16, en een tocht van één uur door het hart van de stad vanaf de **Moltkebrücke** (▶ F 3) voor € 8,50.

Rondleidingen

Het actuele programma vindt u in de magazines 'Zitty' en 'TIP'. De beste adressen zijn:

Stadt und Rad: Travelpoint Tours GmbH, Hardenbergplatz 9-11, tel. 030 68 83 62 17, stadtundrad.de. Stadsrondleidingen op de fiets worden steeds populairder. U verplaatst zich sneller dan te voet en bent flexibeler dan met de bus. De fiets is ideaal voor zo'n grote stad.

Stattreisen Berlin: Malplaquetstraße 5, tel. 030 455 30 28, stattreisenberlin.de. Meer dan zeventig verschillende rondleidingen. U kunt een groepsrondleiding boeken, een persoonlijke gids inhuren of een wandeling met een audioguide maken. Stattreisen bestaat sinds 1983 en heeft eraan bijgedragen dat Berlijn hoofdstad van de stadsrondleidingen is geworden.

Kultur Büro Berlin: Malmöer Straße 6, tel. 030 444 09 36, stadtverfuehrung.de. Wandelingen met het accent op de kunstgeschiedenis, met thema's zoals Frederik de Grote, 'Het criminele Berlijn', het Regierungsviertel en de Reichstag te voet.

art:berlin: Oranienburger Straße 32, Heckmann Höfe, tel. 030 28 09 63 90, artberlin-online.de. Tijdens de rondleidingen wordt u een exclusief kijkje achter de coulissen van galeries en tentoonstellingen gegund.

Friedrich der Große: tel. 030 45 02 38 74, mob. 0175 950 74 36, koenig-friedrich.de, dag. 14 uur vanaf de Brandenburger Tor, Pariser Platz, en 18.30 uur vanaf de Brandenburger Tor in Potsdam, Luisenplatz, voor het toeristenbureau. Verkleed als koning Frederik de Grote leidt Olaf Kappelt u meestal met snelle pas door het historische Berlijn. De rondleiding met een aansluitend feestmaal duurt 1,5 uur. Reserveren is noodzakelijk.

Berliner Unterwelten e. V.: tel. 030 49 91 05 17, berliner-unterwelten.de. Rondleidingen onder de grond, met verschillende thema's: 'U-Bahn, Bunker, Kalter Krieg' elke do.-zo. 12, 14, 16 uur; 'Vom Flakturm zum Trümmerberg' apr.-okt. do.-zo. 11, 13, 15 uur; 'Dunkle Welten' (Unterwelten Museum) do.-ma. 12, 14, 16 uur; elke rondleiding kost € 9/7 per persoon. Kaarten zijn verkrijgbaar in de zuidelijke hal van metrostation Gesundbrunnen, uitgang Brunnenstraße.

Video Bustour: tel. 030 44 02 44 50, videobustour.de. Een busrit met historische filmbeelden en livecommentaar; € 19,50/16,50.

Trabi Safari: tel. 030 27 59 22 73, trabi-safari.de, dag. 10 uur. Beginpunt is de Ballongarten op de hoek Zimmerstraße / Wilhelmstraße. U rijdt zelf in een Trabantje door Berlijn en krijgt onderweg via een radioverbinding een toelichting op de bezienswaardigheden. 'The Wall ride', een rit van twee uur, kost € 79 per persoon bij 3-4 personen en € 89 per persoon bij 1-2 personen per Trabantje, maar er zijn ook goedkopere ritten van een uur.

Vluchten boven Berlijn

Helikopter: luchthaven Schönefeld, panoramavlucht Deluxe, halfuur, € 219 per persoon. Vanaf de luchthaven vliegt u over de stad naar Sanssouci. Er is volop gelegenheid om foto's te maken.

Watervliegtuig: Wasserflugstation Berlin-Treptow, S: Treptower Park, voorbereiding en vlucht één uur, volwassenen € 189, kinderen € 95.

Centraal informatienummer: tel. 030 53 21 53 21 of via air-service-berlin.de

Feesten en festivals

Berlinale: februari, berlinale.de; het belangrijkste filmfestival van Europa. Met sterren, maar voor het volk.

Veiligheid en noodgevallen

Afgezien van autodiefstallen en kruimeldiefstal als zakkenrollen en tasjesroof is Berlijn een rustige stad. Let op drukke plekken altijd op uw portemonnee, vooral als u net hebt gepind, in een café zit of een ritje met een van de buslijnen 100, 200, M19, M29 of 148 maakt (ook bij het in- en uitstappen!). Gemiddeld worden 46 gevallen van zakkenrollerij per dag geregistreerd. De dieven dringen, houden een plattegrond voor uw neus of zeggen geld te willen wisselen. Draag daarom contant geld, paspoorten en creditcards op uw lichaam. En als er onverhoopt toch iets misgaat: meteen alles laten blokkeren!

Politie: tel. 110; **brandweer:** tel. 112.

Ambulance: tel. 112; **dokterscentrale:** tel. 030 31 00 31; **tandarts** (na telefonische melding): tel. 030 89 00 43 33.

Apothekerscentrale: in het Hauptbahnhof (24 uur per dag).

Drugsalarm: tel. 030 192 37.

Politiepost op Bahnhof Zoo: tel. 030 313 80 88.

Pech onderweg: ADAC, tel. 0180 222 22 22.

Creditcard blokkeren: MasterCard, tel. 001 31 42 75 66 90; Visa, tel. 0800 022 31 10; American Express: tel. +31 20 504 86 66.

Simkaart blokkeren: Ben, tel. +31 900 040 14 05; Telfort, tel. +31 20 697 63 37; T-Mobile, tel. +31 6 24 00 12 00; Vodafone, tel. +31 6 54 50 01 00.

Ambassades:

Nederland: Klosterstraße 50, 10179 Berlijn, tel. 030 20 95 60, niederlandeweb.de, ma.-vr. 9-12.30 uur.

België: Jägerstraße 52-53, 10117 Berlijn, tel. 030 20 64 20, diplomatie.be/berlinnl, ma.-vr. 9-12.30 en 13.30-17 uur.

Karneval der Kulturen: Pinksteren, karneval-berlin.de. Carnaval in Kreuzberg met talloze evenementen.

Christopher Street Day: juni, csd-berlin.de. Grote optocht van homo's en lesbiennes dwars door Berlijn.

Fashion Week: juli, fashion-week-berlin.com/de. Topontwerpers en veel glamour.

Bread & Butter: juli. Grote beurs met voornamelijk *streetwear* op de voormalige luchthaven Tempelhof.

Classic Open Air: juli, classicopenair.de. Klassiek op de Gendarmenmarkt.

Historiale: eind augustus, historiale.de. Grootste historische festival van Europa, elk jaar met een ander thema.

Popkomm: in september, popkomm.de. Muziekbeurs, zowel voor handelaars als voor het gewone volk.

Silvester: 31 december. Groot feest tussen de Siegessäule en de Brandenburger Tor.

Gevonden voorwerpen

Algemeen: Platz der Luftbrücke 6, tel. 030 90 27 70 31 01, ma., di. 8-15, wo. 10-13, do. 13-17, vr. 8-12 uur, berlin.de/zentrales-fundbuero

Berliner Verkehrsbetriebe (BVG): Potsdamer Straße 180, tel. 030 194 49.

S-Bahn: in het Ostbahnhof (▶ M 5), tel. 01805 99 05 99.

Informatie

Duitse verkeersbureaus

In Nederland

Duits Verkeersbureau

Postbus 12051
1100 AB Amsterdam
tel. 020 697 80 66 (ma.-vr. 9.30-12.30 uur)
duitsverkeersbureau.nl
klantenservice@germany.travel

In België
Duitse Nationale Dienst voor Toerisme
Gulledelle 92
1200 Brussel
tel. 02 245 97 00 (ma.-vr. 9.30-12.30 uur)
duitsland-vakantieland.be
gntobru@d-z-t.com

In Duitsland
Berlin Tourismus Marketing (BTM): tel. 030 25 00 25, btm.de
Alexa Shopping Centre: ▶ K 3, Alexanderplatz, ma.-za. 10-20 uur.
Hauptbahnhof: ▶ F 2/3, dag. 8-22 uur.
Kranzler Eck: ▶ B 6, Kurfürstendamm 21 / Passage, dag. 10-20, zo. tot 18 uur.
Brandenburger Tor: ▶ G 4, Südliches Torhaus, dag. 10-18 uur.

Tijdschriften met actuele informatie

Zitty: elke 14 dagen, € 2,90.
TIP: elke 14 dagen, € 2,90.
Berlin Programm: maandelijks, € 2.
[030]: elke 14 dagen met tips over het uitgaansleven, gratis in de cafés.
Siegessäule: maandblad voor homo's en lesbiennes, gratis.

Berlijn op internet

berlin.de: de officiële site van de stad is heel uitgebreid en doet dienst als het centrale webportaal voor Berlijn op internet. Onder berlin.de/mauer vindt u een heel uitvoerige presentatie over de Berlijnse Muur, met links naar andere websites.
btm.de: de site van Berlin Tourismus Marketing is vooral geschikt bij de voorbereiding van uw reis. Hij is wat sneller dan berlin.de, overzichtelijk en ingesteld op de behoeften van toeristen. U wordt niet doodgegooid met reclame en vindt heel snel wat er wanneer in de stad gebeurt. Zo biedt de site een top vijftig van bezienswaardigheden en een museumgids. Bovendien kunt u online hotels en kaartjes voor allerlei evenementen en voorstellingen reserveren.
dhm.de: voor informatie over de geschiedenis van de stad kunt u het beste op de site van het Deutsche Historische Museum terecht.
berlinstory.de: op de site van deze Berlijnse boekhandel vindt u een omvangrijke verzameling links naar Berlijn, die overzichtelijk op onderwerp zijn gesorteerd. De regelmatig geactualiseerde links zijn alleen van commentaar voorzien als niet vanzelf spreekt waar ze over gaan.
orte-der-erinnerung.de: musea, monumenten en documentatiecentra over de geschiedenis van de nationaalsocialistische dictatuur in Berlijn en Brandenburg.
berlinonline.de: de 'Berliner Zeitung' en het tweewekelijks verschijnende magazine 'TIP' bieden samen een praktische site waarop al vroeg de inhoud van de krant van de volgende dag te lezen is en meer dan duizend commentaren op restaurants staan.
morgenpost.de: de website van de 'Berliner Morgenpost'. Ook op welt.de is veel informatie over Berlijn te vinden.
tagesspiegel.de: deze overzichtelijke website is de vrucht van een samenwerkingsverband tussen 'Der Tagesspiegel' en het stadsmagazine 'Zitty', en biedt tal van links. De editie van de volgende dag is hier al vroeg te vinden.
berliner-stadtplan.com: op deze website kunt u tot op het huisnummer nauwkeurig zoeken op de mooie kaarten van de traditionele kaartenmaker Pharus.

Kinderen

Berlijn van boven

Wie Berlijn wel vanuit vogelperspectief wil bekijken, maar daar geen geld voor over heeft, gaat naar de koepel van de Reichstag. Ook het uitzicht vanaf de Fernsehturm aan de Alexanderplatz en het dakterras van het Park Inn ertegenover is prachtig, dat vanaf het debis-Haus aan de Potsdamer Platz tamelijk goed. Op dat plein kunt u ook nog 150 m opstijgen met de Hi-Flyer-Ballon, die gelukkig stevig aan een stalen kabel vastzit. Sportievelingen beklimmen de Siegessäule.

Rondritten

Stattreisen (stattreisen.de) biedt vijf verschillende tochten voor kinderen vanaf acht jaar, die vanzelfsprekend ook voor ouders interessant zijn. U kunt natuurlijk ook uw eigen rondrit regelen, bijvoorbeeld door met bus 100 of 200 een ritje van west naar oost te maken.

Dierentuin en aquarium

Berlijn kan bogen op twee prachtige dierentuinen: de Zoologische Garten met een aquarium in de wijk Tiergarten (zie blz. 56) en het enorme, landschappelijk aangelegde Tierpark Friedrichsfelde (zie blz. 82), waar in het aquarium ook haaien en krokodillen te bewonderen zijn.

Musea

Neem uw kinderen op een regenachtige ochtend eens mee naar het gigantische Deutsche Technikmuseum (zie blz. 77), ga één of twee uurtjes naar het Museum für Kommunikation (zie blz. 53) of breng een bezoek aan het Museum für Naturkunde, waar onder andere indrukwekkende skeletten van dinosaurussen tot de collectie behoren (zie blz. 80).

Variété, goochelen, theater

Voor boeiend variété (goochelen, jongleren) levert u uw kroost af in de Wintergarten of het Chamäleon Theater. In het Carrousel Theater in Lichtenberg worden klassiekers van kinder- en jeugdtoneel opgevoerd. Een uitstekend alternatief is het Grips-Theater, maar ga dan ook zelf mee. Wat er ook speelt, dit is een van de beste theaters van Berlijn.

Zwemmen

Voor een dagje waterpret is er het **Stadtbad Neukölln** (zie blz. 26), waar u alles vindt waar kinderen druk mee kunnen zijn. Aan de **Wannsee** (zie blz. 26) is met zand uit de Oostzee een echt strand aangelegd.

Midgetgolf

Een heel leuk uitje voor kinderen is de **Schwarzlicht-Minigolf** op Görlitzer Straße 1, huis 1 (indoor-minigolf-berlin.de, U: Görlitzer Bahnhof). De midgetgolfbaan bevindt zich binnen, waar het zo donker is dat de UV-kleuren op muren, ballen en clubs oplichten en voor een prachtig decor zorgen. Er is ook een speelplaats en een cafetaria.

Meer adressen

FEZ Wuhlheide: Eichgestell, Köpenick, tel. 030 53 07 15 04, fez-berlin.de, S: Wuhlheide, 10 min. lopen, dag. 9-18/22, vakanties 10/11-18 uur, toegang gratis. Een kinderparadijs met speelplaats, klimtoren, halfpipes voor skateboarders, pony's, een treintje door het park en een ruimtevaartcentrum met faciliteiten om te testen.

Labyrinth Kindermuseum: Osloer Straße 12, tel. 030 80 09 31 15 00, labyrinth-kindermuseum.de, U 8: Pankstraße, U 9: Osloer Straße, vr., za. 13-18, zo. 11-18 uur, € 4,50, kinderen € 4, gezinskaart € 12. Een museum voor kinderen van vier tot twaalf jaar, waar voor de verandering nu eens wel alles mag worden aangeraakt.

Loxx Miniatur Welten: in Alexa, Alexanderstraße 4, tel. 030 44 72 30 22, loxx-berlin.de, S/U: Alexanderplatz, dag. 10-19 uur, € 12, kinderen (minstens 1 m groot) € 7. Modelspoorweg op een oppervlakte van 700 m². Behalve een knap staaltje mechanica en elektronica is dit ook een liefdevolle presentatie van Berlijn.

Klimaat en reisseizoen

Berlijn ligt in een overgangsgebied van een gematigd naar een continentaal klimaat, waardoor het er in de zomer bloedheet en in de winter ijskoud kan worden. Denk er bij het pakken van uw koffer dus aan dat de herfst- en wintertemperaturen in de stad een stuk lager kunnen liggen dan in Nederland of België.

Februari is de donkerste maand van het jaar, en de meeste bezoekers komen dan ook tussen maart en eind december. Buiten zitten kan vaak al vanaf april. De lange zomer laat zich tussen juni en september van zijn allerbeste kant zien.

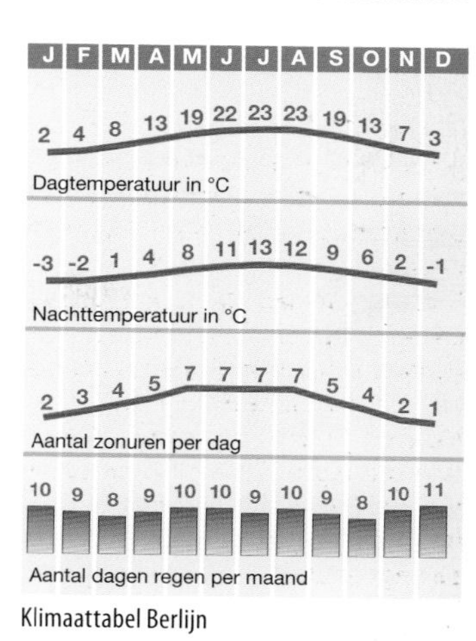

Klimaattabel Berlijn

Openingstijden

Winkels: In de binnenstad zijn de meeste winkels ma.-za. 10-20 uur geopend, maar sommige winkels sluiten op zaterdag al om 16 uur hun deuren.

Banken zijn meestal tot 16 uur, maar soms ook tot 18 uur open. Geldautomaten zijn natuurlijk 24 uur per dag beschikbaar.

Restaurants: Veel etablissementen zijn op zondagavond gesloten. In deze gids worden bij elk restaurant de precieze openingstijden genoemd.

Clubs: In de clubs wordt het pas laat op de avond gezellig. Als er om 22 uur nog geen portier staat, betekent dat niet dat de club gesloten is, maar dat u te vroeg bent. Rond een uur of één stroomt het meestal wel vol.

Musea zijn in de regel op maandag gesloten en de rest van de week van 10 tot 17/18 uur geopend, maar enkele hebben één dag per week langere openingstijden. Voor de meeste rijksmusea is dat de donderdag, wanneer de toegang tussen 18 en 20 uur ook nog eens gratis is!

Reizen met een handicap

Berlijn is een tamelijk vlakke stad en voor rolstoelgebruikers dus goed begaanbaar. Alle nieuwe winkelcentra zijn toegankelijk gemaakt voor rolstoelen. De musea zijn voorzien van een of meer liften; het is soms allemaal wat omslachtig, maar uiteindelijk wel te doen. Hetzelfde geldt voor de bioscopen. De nieuwe megabioscopen die overal in de stad zijn verrezen, zijn rolstoelvriendelijk. Wie technische problemen met zijn of haar rolstoel heeft kan op tel. 0177 833 57 73 of via rollstuhlpannendienst.de een hulpdienst bereiken.

Roken

In openbare gebouwen en restaurants is roken over het algemeen helemaal verboden. Kleine cafés kunnen een rookvergunning hebben, maar mogen dan alleen personen van 18 jaar of ouder binnenlaten.

Sport en activiteiten

Joggen en skaten

Voor fanatieke joggers op vakantie is Tiergarten in Berlijn de eerste bestemming. Met de kaart achter in deze gids kunt u eenvoudig een route door het park uitstippelen. Ook mooi is een klassieke tocht door Schlosspark Charlottenburg, door de Hasenheide, langs het monument voor 'turnvader' Jahn in het volkspark Friedrichshain, door het Görlitzer Park en verder langs het Landwehrkanal naar de Urbanhafen en Engelbecken. Maar als u grotere ambities hebt, surft u naar berlin-marathon.com. Daar vindt u informatie over allerlei hardloopevenementen, maar ook over de grootste skatemarathon ter wereld. Voor inlichtingen kunt u terecht bij: SCC Running Events, Olympiapark, Hanns-Braun-Straße / Adlerplatz, tel. 030 30 12 88 10.

Wellness: de hotels in Berlijn-Mitte verwijzen hun gasten graag naar de **Holmes Place Club**, kaart 2, H 4, Mohrenstraße 50, tel. 030 20 62 49 49, holmeplace.de, ma.-do. 6-23, vr. tot 22, za., zo. 8-22 uur, dagkaart € 29. Op 5000 m² vindt u hier de modernste apparaten, een zwembad en allerlei stoombaden, en kunt u massages en schoonheidsbehandelingen ondergaan. De grote hotels hebben vaak een eigen wellnesscentrum, maar die zijn meestal behoorlijk duur.

Fietsen

In theorie is Berlijn heel geschikt om te fietsen, want de stad is bijna zo plat als een dubbeltje. Er zijn dan ook volop fietsverhuurbedrijven te vinden (zie blz. 19). In de praktijk is Berlijn echter niet overal fietsersvriendelijk (heel erg druk, onoverzichtelijke kruisingen, soms hobbelige straten), hoewel in het centrum steeds meer fietspaden verschijnen.

Zwemmen en sauna

Op berlinerbaederbetriebe.de vindt u allerlei informatie over zwembaden, van luxueus tot pootjebaden en zowel binnen als buiten.

Stadtbad Neukölln: ten zuidoosten van M 8, Ganghoferstraße 3, tel. 030 68 24 98 12, U 7: Rathaus Neukölln, ma. 14-17, di., wo. 14-18.30, do. 14-22, vr. 13-22, za. 8-16 uur. Dit zwembad werd in 1914 geopend en behoorde tot de mooiste baden in Europa. Architect Reinhold Kiehl nam de badhuizen uit de oudheid tot voorbeeld.

Wannsee-Strandbad: kaart 5, Wannseebadweg 25, tel. 030 803 56 12, S1, S 7: Wannsee, Nikolassee, in het hoogseizoen ma.-vr. 10-19, za., zo. 8-20 uur, toegang € 4, met korting € 2,50. In de zomer is het strand aan de Wannsee stampvol.

Hilton Health Club: kaart 2, H 4, Mohrenstraße 30, tel. 030 20 23 42 40, hilton.de/berlin, U: Mohrenstraße, ma.-vr. 6.30-22, za., zo. 7-22 uur, dagkaart € 29. Een bijzonderheid in deze 700 m² grote fitnessruimte 'Living Well Express' zijn de exotische massages, zoals de Hawaiiaanse lomi-lomi-massage. Ook staan u een rhassoulbad, thalassotherapieën, een klassieke sauna en een Cleopatrabad met geitenmelk en bloemenversiering ter beschikking. Ernaast kunt u op cardio- en fitnessapparaten het luie zweet eruit werken.

Duurzaam reizen

Het milieu beschermen, de lokale economie steunen, van elkaar leren – duurzaam toerisme neemt de verantwoordelijkheid voor milieu en maatschappij. Op de volgende websites vindt u tips voor een dergelijke stedentrip in Berlijn.
stattreisen-berlin.de: stadsbezichtigingen te voet, met het openbaar vervoer of met de fiets. Berlijn is de hoofdstad van de stadsrondleidingen, want nergens ter wereld worden er zo veel stadsrondleidingen gegeven als hier. Stattreisen bestaat sinds 1983.
Op **berlin.de** vindt u een goed overzicht van heel veel andere rondleidingen in Berlijn. Ook in de programmabladen en de dagbladen vindt u advertenties voor rondleidingen in de stad.
adfc.de: op de website van deze Duitse wielrijdersclub staan ook routes in Berlijn, bijvoorbeeld een route langs de Muur.
Op steeds meer plaatsen in de stad kunt u een **fiets huren**. En in vrijwel elk hotel en hostel in de stad kunt u gebruikmaken van leenfietsen.

Sultan Hamam: ■ F 7, Bülowstraße 57, tel. 030 21 75 33 75, U: Bülowstraße, di.-za. vrouwendagen 12-23, ma. mannendag 12-23, zo. gezinsdag 12-23 uur, 3 uur € 16, 5 uur € 21. Vooral vrouwen zoeken rust en ontspanning in dit grootste Turkse stoombad van Duitsland. De kussens en tapijten in de grote ontspanningsruimte, waar het licht naar citroenolie ruikt, zijn goud, rood en blauw. Op de achtergrond klinkt zachtjes oosterse muziek.

Kijksporten

Hertha BSC: kaartjes voor een thuiswedstrijd van deze voetbalclub in het Olympiastadion zijn verkrijgbaar via herthabsc.de.
Alba: het basketballteam werd voor het laatst in 2009 kampioen van Duitsland. De 'Albatrosse' spelen in de O2-World-Arena (■ ten oosten van M 5, zie blz. 109), kaartjes zijn te koop via albaberlin.de.
IJshockey: kaartjes voor de Berlin Capitals ('Die Preussen'), zijn verkrijgbaar via berlin-capitals.de, voor toegangsbewijzen voor wedstrijden van de Eisbären surft u naar eisbaeren.de. De wedstrijden worden in de **O2-World-Arena** (■ ten oosten van M 5) gespeeld.
Renbaan Hoppegarten: ■ buiten kaart 5, Goetheallee 1, Dahlwitz, tel. 03342 389 30, S 5: Hoppegarten, apr.-okt. vanaf 12 uur. Een bezichtiging van het complex (al wandelend) is elke dag mogelijk.
Renbaan Mariendorf: ■ ten zuiden van G 8, Mariendorfer Damm 222, tel. 030 740 12 12, berlintrab.de, U 6: Alt-Mariendorf, do. 18, zo. 13.30 uur, toegang zo. vanaf € 3. Behalve genieten van de paardensport kunt u hier ook een gokje wagen.

Telefoon en internet

Naar Duitsland: +49, netnummer zonder de 0, abonneenummer.
Naar Nederland: +31, netnummer zonder de 0, abonneenummer.
Naar België: +32, netnummer zonder de 0, abonneenummer.
Het netnummer van Berlijn is 030.
Draadloos internetten: op cafespot.de staat een uitgebreide opsomming van de cafés waar u onder het genot van een consumptie draadloos kunt internetten.

De 15 hoogtepunten

In het Regierungsviertel toont Berlijn zich een moderne, internationaal georiënteerde hoofdstad. De architectuur lijkt haast de indruk te willen wekken dat politiek transparant is: een glazen koepel luidde de toekomst van de historische Reichstag in, en ook de kantoren van de parlementariërs en de ambtenaren eromheen zijn van veel glas voorzien. Op de trappen aan de Spree, in de Reichstagkoepel of als bezoeker van een parlementsvergadering bevindt u zich midden in het politieke centrum van Duitsland ...

1 Historisch Mitte – boulevard Unter den Linden

Kaart: ▶ G-H 4
Vervoer: S/U: Brandenburger Tor, bus: 100/200

Hoe ziet een straat eruit die 'Unter den Linden' heet? Natuurlijk is zo'n straat omzoomd met geurende linden, en natuurlijk straalt zo'n straat rust en grandeur uit. Welkom op deze historische flaneerboulevard die als geen andere straat het symbool van de hoofdstad is.

Er zijn hier nog altijd getuigen van de grootsheid die ooit voor de keizer gecomponeerd werd. Door de verwoestingen van de Tweede Wereldoorlog staan er weliswaar nieuwe gebouwen tussen de authentieke panden, maar evengoed ademt de straat een majesteitelijke sfeer. Alle grote staatslieden, koningen en keizers hebben hier parades afgenomen, en op zowel Wilhelm I als Otto von Bismarck werd hier een aanslag gepleegd. 'Die Linden', zoals de boulevard in de Volksmond wordt genoemd, spelen een belangrijke rol in de geschiedenis van Duitsland.

De Brandenburger Tor en de Pariser Platz

De imposante **Brandenburger Tor** 1, die in de DDR-tijd in het niemandsland rond de Muur stond, is de toegangspoort tot 'Die Linden', aan het eind waarvan zich ooit het kasteel van de Hohenzollern bevond. Carl Gotthard Langhans bouwde de met een vierspan gekroonde poort tussen 1788 en 1791 als een bouwkundige toespeling op de propyleeën in Athene. Vandaag de dag is de Brandenburger Tor een herkenningsteken van de stad en een symbool voor haar scheiding en hereniging.

De **Pariser Platz**, die pal achter de poort ligt, kreeg zijn naam in 1813 na de overwinning op Napoleon I. Aan het begin van de 20e eeuw was het plein het toneel van de steeds goed gehumeurde en geen feest schuwende 'Berliner Republik'. Tegenwoordig is het hart van de metropool weer helemaal omringd met gebouwen, waaronder het herbouwde luxehotel **Adlon** 2, de **Akademie der Künste** 3, de op hun oude locaties teruggekeerde **Amerikaanse** 4 en **Franse ambassade** 5, en niet te vegeten het **Haus Liebermann** 6, waar schilder Max Liebermann ooit woonde en werkte.

Unter den Linden, deel I

Unter den Linden is weer een voorname boulevard met brede stoepen en een groene promenade in het midden. De straat is omzoomd met winkels, cafés en bedrijven. Tussen de Glinkastraße en de Wilhelmstraße is al sinds 1837 de **Russische ambassade** 8 gevestigd – met onderbrekingen tijdens de wereldoorlogen. Aan de andere kant van de straat bevinden zich tussen de Neustädter Kirchstraße en de Friedrichstraße de laatste handelshuizen uit de tijd van de keizers. Hier vindt u nu onder andere de **ZDF-Hauptstadtstudio** (zie blz. 33) en de **Berlin Story** 1 (zie blz. 33). De kruising van Unter den Linden en de Friedrichstraße was ooit een centrum van de 'roaring twenties' en is nu een van de belangrijkste winkelgebieden van de stad.

De pronkgebouwen

De in wilhelminische stijl gebouwde, maar modern uitgeruste **Staatsbibliothek** 9 beslaat een heel blok. Ernaast staat de **Humboldt-Universität** 10, die in 1810 door Wilhelm von Humboldt is gesticht. De universiteit is gevestigd in het voormalige Prinz-Heinrich-Palais, dat Frederik de Grote voor zijn broer en schoonzus liet bouwen. Prins Heinrich was getrouwd om voor het oog van de buitenwereld een gezinnetje te stichten, want eigenlijk was hij homoseksueel. Wie de universiteit ziet, begrijpt waarom het huwelijk de moeite waard was.

Overigens: vanaf het moment dat de Amerikaanse president John F. Kennedy op 26 juni 1963 tijdens een bezoek aan Berlijn met de woorden 'Ich bin ein Berliner' zijn solidariteit met de bevolking van de verscheurde stad betuigde, hebben de Berlijners hem in hun hart gesloten. Aan de Pariser Platz staat het museum **The Kennedys** 7, een van de omvangrijkste verzamelingen foto's, documenten en memorabilia van de familie Kennedy (thekennedys.de, dag. 10-18 uur, za. gratis rondleiding om 15 uur, toegang € 7/3,50).

Ook het gebouwencomplex aan de Bebelplatz oftewel het Forum Fridericianum draagt de signatuur van de Pruisische koning, die hier in de vorm van een **ruiterstandbeeld** 11 nog aanwezig is. Aan de westkant van het plein staat de barokke gevel van de **Alte Bibliothek** 12, die ooit door de Berlijners liefdevol 'commode' werd genoemd en nu de faculteit der rechten van de universiteit huisvest. Aan de oostkant pronkt de in 1742 geopende **Staatsoper Unter den Linden** 13, die door Von Knobelsdorff als hofopera werd gebouwd, maar al verscheidene keren is gerenoveerd.

Op de achtergrond staat de **St. Hedwigskathedrale** 14, een van de weinige katholieke kerken in Berlijn. Frederik de Grote gaf opdracht om het grote ronde godshuis voor de in Berlijn neergestreken Sileziërs te bouwen, maar betalen moesten de aristocratische gelovigen natuurlijk zelf. Het interieur van de kerk is sober, maar desondanks indrukwekkend.

De **Neue Wache** 15, waar sinds 1993 de slachtoffers van oorlogen en tirannie worden herdacht, komt voort uit het brein van Schinkel, de lievelings-

Overigens: op de Bebelplatz ligt een glasplaat, waardoor u een blik kunt werpen in een lege bibliotheek die in de grond verzonken is. Dit monument markeert de plaats waar de nationaalsocialisten in 1933 hun barbaarse boekverbranding hielden.

architect uit de classicistische tijd. Het gebouw doet denken aan een Romeins kasteel – een indruk die nog wordt versterkt door de erachter geplante kastanjes.

Aan weerszijden van de Schlossbrücke

De bomen komen vooral wonderlijk en betoverend over wanneer u naar de **Pei-Bau** loopt, een ontwerp van de Chinees-Amerikaanse architect Ieoh Ming Pei. De glazen aanbouw werd in 2003 in gebruik genomen. Het bouwwerk absorbeert licht dankzij een doordacht gebruik van glas en staal, en is een voorbeeld van geslaagde hoofdstedelijke architectuur. Het is een verrijking voor het historische Zeughaus (dat tussen 1695 en 1706 werd gebouwd), waarin het **Deutsche Historische Museum** 16 de geschiedenis van Duitsland belicht.

Aan de andere kant van de Kupfergraben ligt de **Lustgarten** 17, die in de stijl van Schinkel herbeplant is. Het park vormde als toegangspoort tot het Museumsinsel de symbolische eenheid van kerk (Berliner Dom), kunst (Alte Museum), leger (Zeughaus, het huidige Deutsche Historische Museum) en staat (Hohenzollernkasteel). Met het Alte Museum achter u, de Dom aan uw linkerhand en de Lustgarten voor u, zult u het **kasteel** als architectonische vervolmaking van dat ensemble missen. Hoewel het kasteel in de Tweede Wereldoorlog maar voor een vijfde deel werd verwoest, liet SED-partijleider Walter Ulbricht het in 1950 opblazen en op die plek het Palast der Republik neerzetten, de zetel van de DDR-regering. Inmiddels is ook dat gebouw afgebroken en wordt er gewerkt aan een reconstructie van het Hohenzollernkasteel.

De **Berliner Dom** 18 is volgens de stelregel 'groot, groter, grootst' gebouwd. Voor een protestantse kerk is de bouwstijl van de Dom ronduit pompeus. En achter die indrukwekkende buitenkant gaat een even opvallend interieur schuil. De Hohenzollern pasten het bouwwerk in de loop der eeuwen telkens weer aan de tijdgeest aan. Het huidige neobarokke godshuis werd in 1905 onder keizer Wilhelm II opgeleverd, naar een ontwerp van architect Julius Raschdorf. Hoogtepunten zijn de honderd sarcofagen met de stoffelijke resten van de Hohenzollern en de klassieke concerten op het orgel met zijn 7200 pijpen.

Informatie

St. Hedwigs-Kathedrale 14:
hedwigs-kathedrale.de, ma.-za. 10-17, zo. 13-17 uur.
Deutsche Historische Museum 16:
Unter den Linden 2, dhm.de, dag. 10-18 uur, € 5 vanaf 18 jaar. Wisselende tentoonstellingen in de Pei-Bau.
Berliner Dom 18: berliner-dom.de, ma.-za. 9-19, zo. vanaf 12 uur, € 5/3.

Kunstexposities

In het gebouw van de Deutsche Bank biedt het **Deutsche Guggenheim** 19 uitstekende exposities van hedendaagse kunst (Unter den Linden 13-15, deutsche-guggenheim-berlin.de, dag. 10-20 uur, € 4, ma. toegang gratis).

Beslist de moeite waard!

Op een steenworp afstand van de

Brandenburger Tor vindt u het **Holocaust-monument** 20 (dag. 10-18 uur, toegang gratis), een ontwerp van Peter Eisenman. Op het 19.000 m² grote terrein staan 2711 betonblokken van verschillende grootte: een labyrint van kaal beton, waarin een gevoel van verlorenheid opkomt. Het monument brengt uw gedachten haast vanzelf op de slachtoffers van de nazivervolging. In het ondergrondse informatiecentrum zijn aangrijpende levensverhalen gedocumenteerd.

Live op televisie

In het **Zollernhof** presenteert Maybrit Illner haar **ZDF-talkshow** 1 met prominente gasten (Unter den Linden 36, do. 22.15 uur). Kaarten zijn voor € 12 verkrijgbaar via tvticket.de. Als er nog plaatsen vrij zijn, worden passanten op straat gevraagd. Of ga in steakhuis **Maredo** een salade eten; daar bent u er ook een beetje bij, maar dan zonder goed zicht.

Berlinaria, boeken en meer

Berlin Story 1 is een warenhuis met boeken, dvd's, cd's, posters en souvenirs die de stad als thema hebben. Achter in de zaak vindt u een café, en in het souterrain een expositie over de geschiedenis van Berlijn en een theatersalon (dag. 10-20 uur, zie blz. 103). Om de hoek bevindt zich het 'culturele warenhuis' **Dussmann** 2 met een enorme keuze aan boeken en cd's, en eveneens een klein café (Friedrichstraße 90, kulturkaufhaus.de, ma.-za. 10-24 uur).

'Die Linden' culinair

Aan de Pariser Platz vindt u **Theodor Tucher** 1 (nr. 6, tel. 030 22 48 94 64, theodortucher.de, dag. 9-1, keuken open 11-23 uur), dat voor nog geen € 10 eenvoudige gerechten serveert. Stijlvolle boekenkasten en mooi uitzicht op het plein.

In **Café Einstein** 2 (Unter den Linden 42, tel. 030 204 36 32, einsteinudl.com, dag. 7-22 uur, € 8-22) treffen ministers en journalisten elkaar graag bij het ontbijt. Men serveert koffie uit de eigen branderij en een voortreffelijke *Wiener Torte*. Heerlijk terras.

Het **Operncafé** 3 (Unter den Linden, tel. 030 20 26 83, opernpalais.de, dag. 8-24 uur) is een zelfbedieningscafé annex restaurant met uitzicht op de Staatsoper, de Neue Wache en het Zeughaus. In het voormalige prinsessenpaleis worden liefst veertig soorten gebak geserveerd.

In het Japanse restaurant **Ishin** 4 (Mittelstraße 24, ishin.de, ma.-za. 11-22 uur) hoeft u doorgaans niet lang te wachten op uw bestelling. Uitstekende gerechtjes, onder andere sushi.

Lekkerbekken zullen **Margaux** 5 (zie blz. 96) weten te waarderen. De **mensa van de Humboldt-Universität** 6 bevindt zich in een heel ander prijssegment.

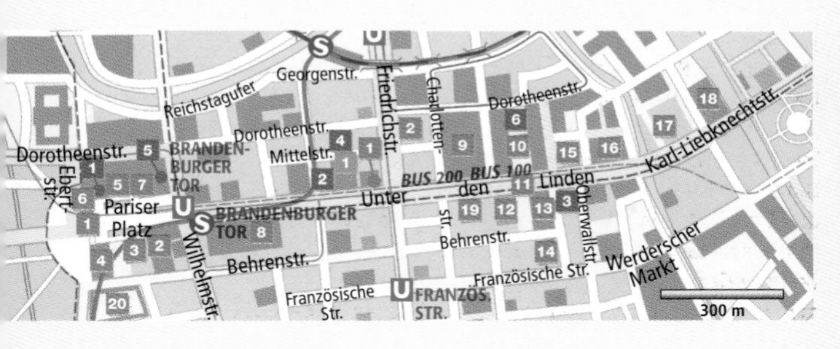

2 Een bolwerk van cultuur – het Museumsinsel

Kaart: ▶ H-J 3
Vervoer: S: Hackescher Markt, bus: 100

Een 'eiland' stampvol kunst en oudheden van onschatbare waarde: het Museumsinsel is een Berlijns monument dat zijns gelijke niet kent. Overal in de stad moet de broekriem worden aangehaald, maar het eiland met zijn vijf musea blijft buiten schot. Wie dit werelderfgoed van Unesco betreedt, is overgeleverd aan het waardevolle, het mooie en het oude – tot de gebouwen aan toe.

Geschiedenis

In 1830 werd in opdracht van Frederik Willem III het eerste museum op het eiland gebouwd, naar een ontwerp van de grote Berlijnse architect Karl Friedrich Schinkel: het zogeten Alte Museum. De bedoeling was om het Pruisische Berlijn aansluiting te laten krijgen bij de cultuursteden Londen en Parijs, die met het British Museum en het Louvre grandioze culturele centra voor de bevolking hadden gecreëerd. Berlijn groeide gestaag en het verlangen om op elk terrein een betekenisvolle metropool te worden, vond onder andere zijn neerslag in de bouw van dit museum. Maar al snel werd het Alte Museum te klein voor de talrijke stukken. In 1855 werd daarop het Neue Museum gebouwd, naar een ontwerp van Friedrich August Stüler, een leerling van Schinkel.

In 1871, het jaar waarin de koning van Pruisen tot eerste Duitse keizer werd gekroond en het Duitse Rijk werd gesticht, opende de Nationalgalerie als derde museum op het eiland haar deuren. Korte tijd later was het de beurt van het Bodemuseum. Het voormalige Kaiser-Friedrich-Museum werd pas later naar zijn grondlegger genoemd. Wilhelm von Bode oefende een doorslaggevende invloed op de ontwikkeling van de Berlijnse kunstverzamelingen uit.

In 1930 voegde het Pergamonmuseum zich als laatste bij de musea op het eiland. Het museum was een uitbreiding van een al in 1901 geopend museum, dat te klein was geworden voor alle grote schatten uit de Oriënt.

Het Alte Museum 1

Het gebouw van het Alte Museum, dat aanvankelijk Königliches Museum heette, werd in de geest van die tijd gestalte gegeven. De museumstukken moesten de ziel verkwikken en de steeds zelfbewustere burgerij van de stad een adequate mogelijkheid tot uitgebreide culturele vorming bieden.

Het Alte Museum is de toegangspoort tot het Museumsinsel en completeerde het ensemble Dom, Zeughaus en het ooit ertegenover gelegen kasteel met een plaats voor de kunst en de wetenschap. Met zijn 87 m lange, met zuilen verfraaide gevel in classicistische stijl kwijt het zich uitstekend van zijn taak. De granieten schaal voor het pand was eigenlijk voor binnen bedoeld, maar met een doorsnede van 7 m zo groot geworden dat hij er niet in paste. In het museum bevindt zich de **verzameling oudheidkundige voorwerpen** van de rijksmusea van Berlijn, alsmede kunst en sculpturen uit de Griekse en Romeinse tijd.

Het Neue Museum 2

Het Neue Museum is misschien wel het mooiste van de musea op het eiland. De rijk versierde koepelzalen nemen u mee naar vervlogen tijden en weten met een doordachte ruimte-indeling een schat aan informatie over te brengen. In de Tweede Wereldoorlog werd het gebouw vrijwel geheel verwoest en in de DDR-tijd krioelden hier muizen door de ruïnes. De Britse architect David Chipperfield heeft het Neue Museum echter op indrukwekkende wijze gerestaureerd door originele, beschadigde delen van het gebouw als een soort historische lagen zichtbaar te laten. Zo werd het gekwetste pand zelf tot een kunstwerk.

Overigens: David Chipperfield kreeg in 2010 de Europese Nostra Award voor zijn bijzondere prestaties bij de restauratie van het Neue Museum. Hij heeft ook het ontwerp gemaakt voor de **James-Simon-Galerie**, een ontvangstruimte voor gasten van het Museumsinsel, en voor een ondergrondse archeologische promenade die alle musea op de Alte Nationalgalerie na met elkaar verbindt. Beide worden waarschijnlijk in 2012 opengesteld.

Het museum biedt de archeologische collecties en de papyrusverzameling van het Egyptische museum, alsmede fantastische antieke kunst uit andere verzamelingen. Een van de beroemdste stukken is de buste van Nefertete uit de 14e eeuw v.Chr.

De Alte Nationalgalerie 3

De schetsen voor de Nationalgalerie met een tweevleugelige, monumentale buitentrap en zuilenrijen van zandsteen zijn nog door Frederik Willem IV zelf gemaakt. Het massieve bouwwerk, dat op een 12 m hoge sokkel staat, ademt de voorliefde voor de bouwstijl in het antieke Griekenland. Het museum moest moderne, vooral Pruisische kunst tentoonstellen en deed zich aanvankelijk te goed aan verzamelingen die de stad als geschenk of erfstuk uit privéverzamelingen had gekregen.

Caspar David Friedrich, Karl Friedrich Schinkel – die als allrounder ook schilderde –, de grote Pruisische realist en koningsschilder Adolph Menzel, Auguste Rodin en Édouard Manet zijn slechts enkelen van de kunstenaars die hier met werken vertegenwoordigd zijn.

Het Pergamonmuseum 4

Het Pergamonmuseum is het best bezochte museum van dit moment. De meeste kunstwerken die u hier kunt bewonderen, zijn monumentaal en vullen hele delen van het gebouw. Zo maken ze kunsthistorische dwarsverbanden aanschouwelijk. Om te beginnen is daar het bijna 36 m brede **Pergamonaltaar**, dat een hele ruimte inneemt en meer een tempel is dan wat normaal gesproken onder een altaar wordt verstaan. De Griekse stad Pergamon bouwde het als getuigenis van de overwinningen op de Kelten. Op het fries staan strijdtaferelen van goden tegen reuzen.

De **boulevard van Babylon** met de Ishtarpoort is door de schitterende blauwe kleuren en de lengte een ware belevenis: over een weg waarlangs wilde leeuwen uit de gelazuurde tegelwand lijken te willen springen, loopt u naar de enorme poort. Hier krijgt u een idee hoe vreemdelingen zich gevoeld moeten hebben wanneer ze de stad Babylon naderden.

De **marktpoort van Milet** uit de tijd van de Romeinse keizers doet u in één klap in een Romeinse stad aan het begin van onze jaartelling belanden.

Op de bovenverdieping vindt u de eveneens zeer indrukwekkende verzameling van het Museum für Islamische Kunst.

Het Bodemuseum 5

Het neobarokke bouwwerk van het Bodemuseum staat op het uiteinde van het eiland en biedt vanaf de Ebertbrücke / Tucholskystraße een prachtig plaatje. Niet voor niets wordt het museum vanaf dat punt vaak gefotografeerd (zie blz. 6/7).

In de collectie sculpturen bevinden zich vele grote werken uit de Europese kunstgeschiedenis, van de romantiek tot en met de beginperiode van het classicisme. Verder vindt u hier een aanzienlijke hoeveelheid kerkschatten en een aantal grote altaarstukken uit heel Duitsland.

Bij de vormgeving van de ruimten en de schakering van het licht heeft architect Ernst von Ihne werkelijk een buitengewone prestatie geleverd, of het nu gaat om de originele reconstructie van de woonverblijven van grondlegger James Simon en de prachtige trappenhuizen of om de koepelhallen en de Basilika, die de indruk van een kerkinterieur wekt. Bovendien stelt het museum het muntenkabinet en de collectie van het Byzantijnse Museum tentoon.

Informatie

Museumsinsel: tel. 030 20 90 55 77, smb.museum

Passe-partout voor alle vijf musea op het Museumsinsel € 14/7.

Alte Museum: Am Lustgarten, dag. 10-18, do. 10-22 uur, toegang € 8/4.

Neue Museum: Bodestraße 1-3, zo.-wo. 10-18, do.-za. 10-20 uur, vanaf 18 uur gratis! Toegang € 10/5, inclusief een 1 of 1,5 uur durende rondleiding € 12/14 respectievelijk € 7/9. Voor dit museum hebt u een kaartje met een tijdsaanduiding nodig, dat verkrijgbaar is bij de kassa's van alle musea op het eiland of besteld kan worden op neues-museum.de of via tel. 030 266 42 42 42 (ma.-vr. 9-16 uur).

Alte Nationalgalerie: Bodestraße 1-3, di., wo. en vr.-zo. 10-18, do. 10-22 uur, toegang € 8/4.

Pergamonmuseum: Am Kupfergraben 5, dag. 10-18, do. tot 22 uur, toegang € 10/5.

De kunstverzameling van de Alte Nationalgalerie wordt in stijlvolle ruimten tentoongesteld

Bodemuseum: Am Kupfergraben 1, dag. 10-18, do. 10-22 uur, toegang € 8/4.

Audioguides

In alle musea is een audioguide met goede informatie over de collectie en het gebouw bij de prijs inbegrepen. In het Pergamonmuseum leidt de audioguide u van het ene naar het andere museumstuk.

Café in het Bodemuseum

Het lichte en elegante **café in het Bodemuseum** 1 is beslist het mooiste op het Museumsinsel. U vindt het op de tweede verdieping van het museum (dag. 10-18, do. 10-22 uur).

Kijken naar het eiland

Vanaf de Ebertbrücke, de Monbijoubrücke en de Am Kupfergraben / Am Zeughaus hebt u een prachtig uitzicht op het Museumsinsel en zijn gebouwen. Of u maakt vanaf het Deutsche Historische Museum of de Berliner Dom een boottochtje rond het stadsdeel Mitte. U gunt uw voeten dan even wat rust en ziet op uw gemak onder andere het Museumsinsel en het Regierungsviertel aan u voorbijtrekken (zie blz. 20).

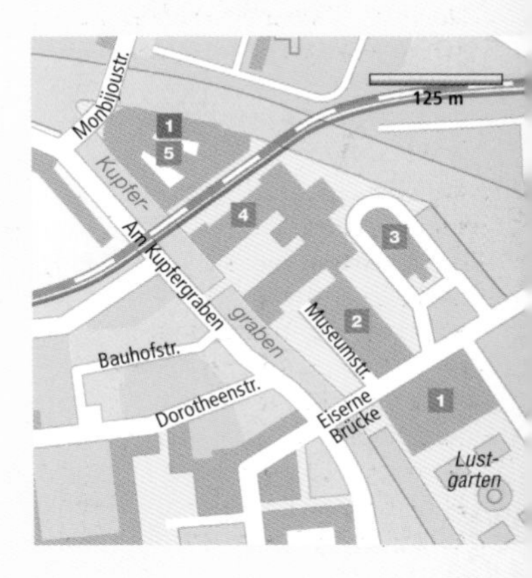

3 Midden in de drukte – de Spandauer Vorstadt

Kaart: ▶ H-J 2-3
Vervoer: S: Hackescher Markt, tram: M1, M4, M5, M6

Ten noordoosten van het Museumsinsel ligt de Spandauer Vorstadt, die grotendeels verschoond bleef van de bombardementen in de Tweede Wereldoorlog. In de wijk, die ook wel Scheunenviertel wordt genoemd, vindt u de typisch Berlijnse binnenplaatsen en sporen van het joodse stadsleven van weleer. Dit is een van de levendigste delen van de hoofdstad, met restaurants, winkels, ateliers en galeries.

De mooiste binnenplaatsen

De elegante en bevallige **Hackesche Höfe** 1 vormden ooit het grootste woon- en bedrijvencomplex van Europa en zijn nu een van de mooiste locaties in de stad. De prachtige jugendstilgevels, die na 1945 door de DDR-regering werden afgedaan als restanten van burgerlijke decadentie, zijn na de Wende met enorme inzet gerestaureerd. De binnen- en achterplaatsen zijn met elkaar verbonden, vertakken zich en zorgen voor een waar architectonisch avontuur. De nieuwe pracht werd doelbewust van leven voorzien met restaurants, kroegen, variététheaters en modeateliers. In alle winkels worden producten verkocht die rond de binnenplaatsen bedacht, gemaakt of verwerkt zijn.

Getuigen van vervlogen tijden

Op Rosenthaler Straße 39 kunt u aan **Haus Schwarzenberg** 2 zien hoe kleurrijk en creatief het er hier in de jaren negentig van de vorige eeuw aan toeging: de kunstenaars en studenten die het bouwvallige huis huurden, richtten de vereniging Schwarzenberg op. Nu valt de met graffiti beschilderde oase onder monumentenzorg. Het hier gevestigde **Otto-Weidt-Museum** herinnert aan donkerder tijden. In de Tweede Wereldoorlog behoedde bezem- en borstelmaker Weidt veel dove en blinde joden voor deportatie door ze in zijn atelier te laten onderduiken.

De Sophienstraße

In de historische Sophienstraße met de 19e-eeuwse huizen kunt u nog verscheidene blikken in het Berlijnse binnenplaatsleven werpen. Vrijwel elke binnenplaats biedt wel een galerie of een café, of is simpelweg een lust voor het oog.

De **Sophiensäle** 4 aan de mooie, toegankelijke binnenplaats op nr. 18 zijn een belangrijk adres voor onafhankelijk toneel en dans. Vanaf 1844 kwam hier de vereniging van handwerkers bijeen, en in de zalen hebben mensen als Rosa Luxemburg en Karl Liebknecht het woord gevoerd. Ook de **Sophie-Gips-Höfe** 5 (nr. 21) tussen de Sophienstraße en de Gipsstraße zijn vrij toegankelijk.

De **Sophienkirche** 6 aan de linkerkant van de straat pronkt met de enige barokke kerktoren van Berlijn. Op de binnenplaats van de kerk, die u alleen via de Große Hamburger Straße kunt bereiken, bevindt zich het graf van de historicus Leopold von Ranke.

Overigens: het mooie **station Hackescher Markt** 3 was in 1882 een van de eerste S-Bahnstations van de stad. In de bogen van het historische bakstenen bouwwerk zijn lunchrooms, cafés en modewinkels gevestigd en rond het station zijn filialen van Starbucks, Butlers en Häagen-Dasz te vinden.

Kunst en anarcho art

In de **Auguststraße** woonden vroeger de arme joden uit het oosten van de stad in de allergoedkoopste huizen, maar tegenwoordig is dit het domein van jonge kunstenaars uit de hele wereld en talloze galeries. Naar links komt de straat uit op de Oranienburger Straße, niet ver van het door de hele stad bekende **Tacheles** (dat jiddisch is voor 'klare taal') 7. Het voormalige warenhuis ligt sinds de Tweede Wereldoorlog half in puin en doet tegenwoordig dienst als een alternatieve kunstruimte met een beeldentuin. Tacheles is een trefpunt van kunstenaars die graag experimenteren, maar wordt wel doorlopend met sluiting bedreigd. Als u vanaf hier richting de Friedrichstraße loopt,

De Hackesche Höfe hebben elk een heel eigen sfeer

komt u langs een groot braakliggend terrein waar een centrum met bedrijven, woningen en hotels moet verrijzen.

Joods Berlijn

In de Oranienburger Straße blinkt de gouden koepel van de **Neue Synagoge** 8 u al van verre tegemoet. Het gebedshuis werd in 1866 in een oosters aandoende stijl gebouwd. In de Kristallnacht van 1938 wilden SA'ers de synagoge in brand steken, maar de politiecommandant van de Hackesche Markt wist dit met een beroep op de monumentenzorg te verhinderen. Nu is de synagoge regelmatig het decor van joodse culturele evenementen.

Naast de **Jüdische Schule** 9 in de Große Hamburger Straße herinnert een **monument** 10 aan de oudste joodse begraafplaats van de stad – en aan het feit dat hier de joodse wijk van Berlijn lag.

Openingstijden

Otto-Weidt-Museum: museum-blindenwerkstatt.de, dag. 10-20 uur, rondleiding zo. 15 uur, toegang gratis.
Neue Synagoge: cjudaicum.de, zo.-do. 10-18, vr. 10-14, in de zomer tot 20/17 uur, toegang € 3/2.

Chillen en dergelijke

Het **Monbijoupark** 11, waar ook een openluchttheater is (hexenkessel-hoftheater.de) nodigt uit tot luieren en wandelen. Aan de Spree kunt u op een ligstoel van **Strandbar Mitte** 1 van het coole Berlijn genieten, met uitzicht op het Museumsinsel (strandbar-mitte.de, mei-sept. dag. vanaf 10 uur).

Eten en drinken

De restaurants **Hackescher Hof** 1 (zie blz. 98) en **Hasir** 2 (Oranienburger Straße 4, tel. 030 28 04 16 16, hasir.de, dag. 11-24 uur, gerechten vanaf € 10) liggen vlak bij elkaar. Het laatste restaurant is aan een verbouwde achterplaats gevestigd en serveert de betere Turkse gerechten. In de Sophie-Gips-Höfen (zie blz. 39) vindt u **Café Barcomi's Deli** 3 (barcomis.de, ma.-za. 9-21, zon- en feestdagen 10-21 uur), dat zelfgebrande koffie en heerlijk gebak serveert.

Winkelen

Voor duurzame schoenen gaat u naar de **Trippen Flagship Store** 1 (Hackesche Höfe 4 en 6, ma.-vr. 11-20, za. 10-20 uur). De Berlijnse grondleggers van dit merk werken met topontwerpers samen.
Sterling Gold 2 in de Heckmann-Höfe in de Oranienburger Straße verkoopt extravagante retromode (zie blz. 106).

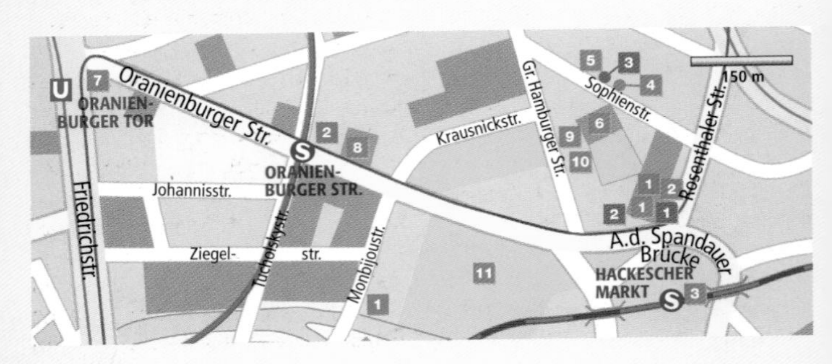

4 Berlijn op de spits gedreven – de Alexanderplatz

Kaart: ▶ H-J 3-4
Vervoer: U/S: Alexanderplatz, tram: M2, M4, M5, M6, bus: 100, 200, 248, TXL, M48

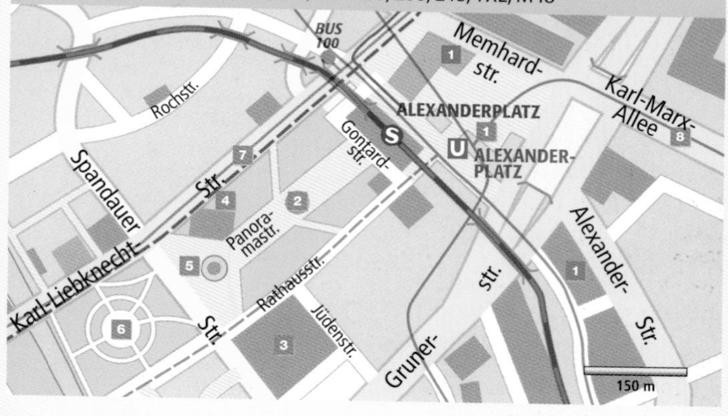

De Alexanderplatz is een plein voor Berlijners, een plein voor het leven van alledag, want bouwkundige schoonheid zoals op de Gendarmenmarkt of de Pariser Platz zult u hier tevergeefs zoeken. De 'Alex' is de belichaming van haast, net zoals in de jaren twintig van de vorige eeuw, toen de mythe begon.

Op, onder en boven het plein speelt zich al datgene af wat een stad tot een metropool maakt. Ambulante handelaars met worstjes, Russische mutsen, lederwaren of Zuid-Amerikaanse sieraden, fietstaxi's, riksja's en velotaxi's die op zoek zijn naar klanten, verzamelaars van handtekeningen voor een betere wereld of een politieke demonstratie. Dagelijks worden hele karavanen rolkoffertjes over het plein getrokken. Onder de Alexanderplatz kruisen de U2, U5 en U8 elkaar, boven knarsen de S-Bahnen en rollen de internationale treinen op het traject Parijs-Moskou voorbij, midden door de stad.

De handelsmerken van de 'Alex'

Op de Alexanderplatz kunt u winkelcultuur studeren, want trendy boetieks en flagship stores zijn er hier bij de vleet. Al in de DDR-tijd was het plein een centrum voor winkelend publiek – en een plek waar parades plaatsvonden. Maar toen zich hier in oktober 1989 ontevreden Oost-Duitsers verzamelden, stortte de DDR binnen enkele dagen als een kaartenhuis ineen.

Doelbewust stevenen mensen af op de telefoonwinkels, de Galeria Kaufhof, Saturn en de Media Markt. Aan de kant van de Jannowitzbrücke staat het **Alexa** 1, een enorm winkelcentrum waarvan de bouw in 2007 vergezeld ging van kreten van ontzetting in de Berlijnse architectuurwereld. Het win-

Overigens: de Alexanderplatz, die zijn naam dankt aan een bezoek van de Russische tsaar Alexander I in 1805, zal waarschijnlijk in een bouwput veranderen zo gauw zich geïnteresseerde investeerders hebben gemeld. De noordoostkant van het plein met de lichtreclame en het Park Inn zal er in de toekomst totaal anders uitzien: in de visie van architect Hans Kollhoff moet de Alexanderplatz met 150 m hoge wolkenkrabbers het Manhattan van Berlijn worden.

kelcentrum is dan ook echt smakeloos en zou beter bij de afrit van een autosnelweg passen.

Een populaire ontmoetingsplaats op de Alexanderplatz is de **wereldklok** 1, een metalen gevaarte waarvan de 24 zijden voor de 24 tijdzones staan. Enigszins buiten het plein verheft zich de 368 m hoge **Fernsehturm** 2; met de lift bent u in slechts veertig seconden op het uitkijkplatform (203 m).

Naar het Marx-Engels-Forum

De Fernsehturm staat aan een plein zonder naam, net als het **Rote Rathaus** 3, een bakstenen gebouw uit 1869 dat nu opnieuw de zetel van de burgemeester is. De **Marienkirche** 4 ertegenover gaat terug tot de 13e eeuw en is de oudste kerk van Berlijn die nog voor religieuze doeleinden wordt gebruikt. Onder de bestrating van het plein ertussen ligt het Marienviertel met de voormalige **Neue Markt** 5. Deze wijk werd in de oorlog nauwelijks beschadigd, maar evengoed door de DDR-regering opgeruimd. Er moet hier een nieuwe wijk verrijzen, maar daarover wordt nog discussie gevoerd. Omdat gedocumenteerd is hoe het Marienviertel er vroeger uitzag, willen de Berlijners een nauwgezette reconstructie à la Pariser Platz. Maar eerst wordt hier voor de U 5 gebouwd, die van de Alexanderplatz naar het Hauptbahnhof gaat rijden.

In het **Marx-Engels-Forum** 6 gaan toeristen graag met beide revolutionaire denkers op de foto.

Berlijn vanaf boven

Fernsehturm: tv-turm.de, uitkijkplatform 9-4 uur, volwassenen € 10,50, kinderen 3-16 jaar € 6,50; VIP-ticket (waarmee u zelf het het tijdstip van uw bezoek kunt bepalen) € 18,50/10,50. Vanaf 203 m hoogte uitkijken over de stad. Een etage hoger bevindt zich een draaiend restaurant.
Park Inn Hotel 1: uitkijkplatform dag. 15-22 uur, € 3. U kunt ook aan een elastiek bijna 100 m naar beneden springen (Base Flying, jochen-schweizer.de, vanaf € 75).

Systeembouw à la DDR

... vindt u zowel in de **Karl-Liebknecht-Straße** 7 als aan het begin van de **Karl-Marx-Allee** 8, die tot een nieuwe modelboulevard werd omgetoverd.

Winkelen

Alexa 1: Grunerstraße 20, alexacentre.com, winkels en foodcourt ma.-za. 10-21, supermarkt 8-22, zo. foodcourt 11-19 uur.

'Alex speciaal'

Nog een paar tips voor het plein, zoals een curryworst uit het vuistje? Bij straatventers kunt u voor weinig geld allerlei soorten worstjes kopen. Of staat uw blaas op knappen? Onder het plein bevindt zich de grootste **toiletgelegenheid** van Berlijn, een meesterstuk van de firma WALL: licht, groot en schoon.

5 De bakermat van Berlijn – het Nikolaiviertel

Kaart: ▶ J 4
Vervoer: U: Klosterstraße, bus: M48

Het Nikolaiviertel is de bakermat van de stad, de Nikolaikirche haar oudste godshuis. De kerk is gewijd aan de heilige Nicolaas, de beschermheilige van de kooplui. De geschiedenis van Berlijn begon al voor 1237, want toen werd er in een oorkonde voor het eerst melding van de stad gemaakt.

De nazi's wilden de scheef gezakte huisjes en de smalle straatjes van het Nikolaiviertel in 1937 ter gelegenheid van het 700-jarige bestaan van Berlijn onder water zetten, omdat ze niet aan het beeld voldeden dat de Führer van een hoofdstad had. De bommenwerpers van de geallieerden zorgden vanaf 1943 alsnog voor een snelle en meedogenloze sloop. In 1980 werd begonnen om de wijk voor het 750-jarige bestaan van de stad (in 1987) weer op te bouwen en vandaag de dag is dit de lievelingswijk van veel toeristen. Het Nikolaiviertel biedt nu weer de charmes van een wijk die u verder alleen in kleinere steden met minder oorlogsschade treft.

Een kerk schrijft geschiedenis

In de **Nikolaikirche** 1 werd geschiedenis geschreven. Zo bekeerde keurvorst Joachim II zich in 1539 in deze kerk tot het protestantisme, vond hier in 1809 de eerste vergadering plaats van de gemeenteraad in het door de Fransen bezette Berlijn en was dit eveneens het decor van de eerste vergadering van het stadsparlement na de vreedzame revolutie van januari 1991.

Verder schreef dichter en predikant Paul Gerhardt hier in de 17e eeuw een van zijn mooiste en bekendste liederen: 'O Haupt voll Blut und Wunden'. Bach gebruikte het later in zijn 'Matthäus Passion'. Bij het orgel kunt u via een koptelefoon naar de dichtwerken van Gerhardt luisteren.

De permanente tentoonstelling 'Vom Stadtgrund bis zur Doppelspitze' in de prachtig gerenoveerde wijdingsruimte vertelt het verhaal van de kerk en de stad.

Voorname herenhuizen

De joodse bankier Veitel Ephraim liet het **Ephraim-Palais** 2 tot 1766 naar eigen inzicht verbouwen. Nu staat het te stralen bij de toegang tot het Nikolaiviertel – en dat na een bewogen geschiedenis. In 1937 moest het huis vanwege een verbreding van de straat afgebroken worden. De stenen werden opgeslagen in Wedding, waar ze de oorlog onbeschadigd doorstonden. Toen de DDR begin jaren tachtig het Nikolaiviertel wilde herbouwen, kreeg men de stenen van de Bondsrepubliek in ruil voor het archief van de Königliche Porzellan-Manufaktur. Eerder had het stadsbestuur van West-Berlijn met de gedachte gespeeld om het Palais in Kreuzberg op te bouwen, maar het bouwplan bevond zich in het oosten van de stad. Inmiddels is het Ephraim-Palais een dependance van het Stadtmuseum.

Het **Knoblauchhaus** 3 op Poststraße 23 dateert uit 1761 en is de enige overgebleven getuige van de oude Berlijnse stadskern. Na de oorlog werd het afwisselend als stadskantoor en huurkazerne gebruikt. Toen de erfgenamen van de familie Knoblauch het huis dankzij de val van de Muur weer ongehinderd konden bezoeken, hebben ze er een Museum Knoblauchhaus van gemaakt en een kring van begunstigers om zich heen verzameld.

Het Berlijn van Zille

In het **Zille-Museum** 4 maakt u kennis met de schilder van het Berlijnse milieu en van arme mensen. Heinrich Zille (1858-1929) had in het begin-20e-eeuwse Berlijn gevoel en oog voor de armsten onder de armen, die dicht op elkaar in het Nikolaiviertel woonden. Hij maakte schilderijen, foto's en lithografieën.

Openingstijden

Nikolaikirche: museum dag. 10-18 uur, € 5/3 inclusief audioguide.
Ephraim-Palais: Poststraße 16, di., do.-zo. 10–18, wo. 12-20 uur, € 5/3.
Knoblauchhaus: di.-zo. 10-18, wo. 12-20 uur, toegang gratis.
Zille-Museum: Propststraße 11, heinrich-zille-museum.de, 's zomers 11-19, 's winters tot 18 uur, € 5/4.

Cultuurhistorische route

In de wijk bieden twintig bordjes informatie over schrijvers en schilders.

Eten en drinken

De **Georgbräu** 1 is een geschikt café (zie blz. 100) en ook café-restaurant **Spreeblick** 2 is goed (zie blz. 100). **Zum Nussbaum** 3 (Am Nussbaum 3, tel. 030 854 50 20, wirtshaus-zum-nussbaum.de, dag. 11-24 uur) is een van de weinige overgebleven Oud-Berlijnse etablissementen, maar het huidige pand is een reconstructie. 's Zomers kunt u heerlijk op het terras zitten, met uitzicht op de Nikolaikirche. Gerechtjes voor nog geen € 10.

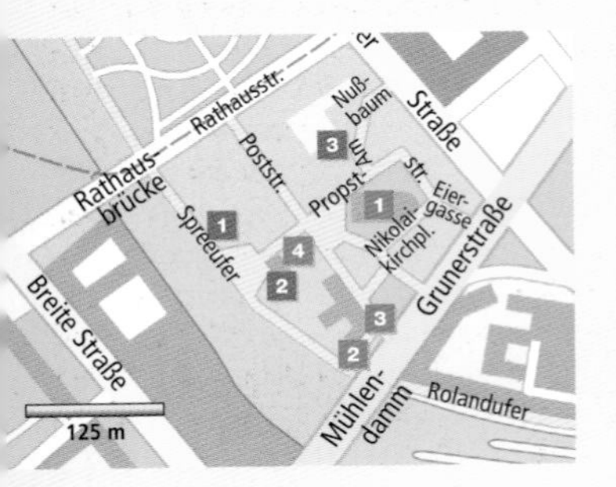

6 Het mooiste plein van de stad – de Gendarmenmarkt

Kaart: ▶ H 4
Vervoer: U: Französische Straße

Het mooiste plein van Berlijn is een hoogtepunt van classicistische bouwkunst, dat naar het voorbeeld van Piazza del Popolo in Rome is aangelegd. Het harmonieuze plein ontstond onder Frederik de Grote en dankt zijn naam aan het regiment 'gens d'armes' dat hier ooit gelegerd was.

Iedereen is gecharmeerd van de Gendarmenmarkt, want de twee kerken uit het begin van de 18e eeuw en het concertgebouw uit het begin van de 19e eeuw zijn helemaal in proportie. Het standbeeld van Schiller staat symbool voor het humanisme. U kunt hier heerlijk zitten en genieten van de weidsheid en de waardigheid van het plein. Zelfs de nieuwe gebouwen in de nabijgelegen Friedrichstraße weten hun moderniteit zo te temperen dat ze geen afbreuk doen aan de uitstraling van de Gendarmenmarkt.

De schoonheid van het plein maakt het gewild en brengt de stad dan ook regelmatig geld in het laatje – zoals voor de kerstmarkt, evenementen als Classic Open Air, Young European Classic of het feest ter gelegenheid van de Duitse eenwording op 3 oktober. Ook voor filmproducties is het plein in trek, bijvoorbeeld als decor voor een film die zich in het 18e-eeuwse Londen afspeelt. Het is best begrijpelijk dat de toeristenbussen liever op het plein dan om de hoek parkeren en dat de Trabantjes op safari hun tweetaktgeuren het liefst dwars over het plein verspreiden, maar het mooist is de Gendarmenmarkt zonder dat alles.

Tolerantie hoort bij het ontstaan van deze plek, want in 'Friedrichstadt' werden na 1685 de uit Frankrijk verdreven hugenoten ondergebracht. Een derde van de bevolking was destijds Franstalig. De hugenoten brachten ambachten, handel en welvaart.

Het Konzerthaus

Het **Konzerthaus** 1 is een ontwerp van Karl Friedrich Schinkel, wiens bouwwerken in Berlijn tussen 1818 (de Neue Wache) en 1831 (de Bauakademie) verrezen en nog altijd hun stempel op de stad drukken. De grote buitentrap, die Schinkel puur voor de uitstraling van het plein maakte, leidt niet naar ruime zalen, maar naar smalle gangen tussen loges. Het gebouw deed oorspronkelijk dienst als theater en werd in 1821 met het toneelstuk 'Iphigenie auf Tauris' van Goethe geopend. Daarna speelde het steeds weer een rol in de Berlijnse en Duitse geschiedenis. Zo stelden de strijders voor vrijheid van meningsuiting en democratie in 1848 de kisten van 184 doden uit hun gelederen naast het gebouw op. En aan de vooravond van de Duitse hereniging vond hier de laatste plechtigheid van de DDR-regering van Lothar de Maizière plaats met de uitvoering van de 9e symfonie van Beethoven, onder leiding van dirigent Kurt Masur.

De kerken

Aan weerszijden van het Konzerthaus verheft zich een kerk uit het begin van de 18e eeuw – samen vormen ze een soort architectonische tweeling. De zuilenportalen en de 55 m hoge torens werden pas tegen het einde van de 18e eeuw onder Frederik de Grote toegevoegd ter verfraaiing van beide kerken. De **Französische Dom** 2 is tussen 1701 en 1705 voor de hugenoten gebouwd en wordt nog steeds door hen gebruikt. Binnen vindt u een hugenotenmuseum en vanaf de panoramagalerij hebt u een mooi uitzicht op de Gendarmenmarkt.

De **Deutsche Dom** 3, de tegenhanger voor de Duitse lutherse gemeente, dateert uit 1708. In de kerk loopt een tentoonstelling over de Duitse Bondsdag onder de titel 'Wege, Irrwege, Umwege'.

Beide kerken zijn eigenlijk helemaal geen 'dom' en worden alleen vanwege hun koepel (in het Frans: *dôme*) zo genoemd.

Openingstijden

Hugenotenmuseum 2**:** di.-za. 12-17, zo. 11-17 uur, toegang € 2/1.

Deutsche Dom 3**:** tel. 030 22 73 04 31, di.-zo. 10-18 uur, toegang gratis.

Meer over Schinkel en zijn tijd

Tot op de dag van vandaag baseren alle architecten in Berlijn zich op Schinkel. De **Friedrichswerdersche Kirche** 4 en de Bauakademie ernaast zijn absolute topprestaties van Schinkel (Werderscher Markt, dag. 10-18 uur, toegang gratis). In de kerk vindt u sculpturen van hem en van enkele tijdgenoten; hoogtepunt is de 'Prinzessinnengruppe'. Tegenover het ministerie van Buitenlandse zaken bevindt zich café **The coffee shop** 1.

Eten en drinken

Op de Gendarmenmarkt is het ontspannen zitten tussen de fleurige

Een chique ambiance en de betere winkels – Quartier 206 in de Friedrichstadtpassage

bloembakken van **Refugium** 2 (Gendarmenmarkt 5, tel. 030 229 16 61, restaurant-refugium.de). De naam herinnert aan de hugenoten, die in Berlijn een toevluchtsoord vonden. Kleine hoofdgerechten vanaf € 10. **Augustiner am Gendarmenmarkt** 3 (Charlottenstraße 55 / Jägerstraße, tel. 030 20 45 40 20, augustiner-braeu-berlin.de, dag. 10-1 uur) is een stukje München in Berlijn. Hoofdgerechten als gebraden varkensvlees met knoedels of varkensschenkel kosten € 10-16. Zowel binnen als buiten zit u aan lange tafels. Goede bediening. Een gastronomisch hoogtepunt is **Fischers Fritz** 4 (zie blz. 96) en ook de populaire restaurants **Borchardt** 5 en **Lutter & Wegner** 6 liggen hier om de hoek (zie blz. 97, 98).

Winkels

Zoete trek? Dan kunt u op de Gendarmenmarkt niet om de heerlijke bonbons van **Fassbender & Rausch** 1 heen (zie blz. 104).

Winkeltechnisch voeren hier alle andere wegen naar de Friedrichstraße en daar naar de Friedrichstadtpassage met de winkelparadijzen **Galeries Lafayette** 2 (Friedrichstraße 76-78, galerieslafayette.de, ma.-za. 10-20 uur) en **Quartier 206** 3 (quartier206.com, ma.-vr. 10.30-19.30, za. 10-18 uur). De levensmiddelenafdeling van Lafayette is een ontmoetingsplaats van lekkerbekken, die afkomen op de wijn in de schemerige wijnkelder of op de verse oesters die hier bepaald niet duur zijn.

's Avonds

Een en al Newton (niet Isaac, maar Helmut), zo kan de **Newton Bar** 1 (Charlottenstraße 57, newton-bar.de, zo.-do. 10-3, vr., za. tot 4 uur) het beste worden omschreven, want hier hangen niet alleen werken van de fotograaf aan de muur, maar zijn ook veel cocktails en drankjes naar hem genoemd, zoals 'Absolut Newton' en de 'Newton Wodka Classics'.

7 Het centrum van de macht – het Regierungsviertel

Kaart: ▶ F-G 3
Vervoer: U/S: Hauptbahnhof, bus: TXL

Het historische Reichstaggebouw en de nieuwe, moderne overheidsgebouwen in de bocht van de Spree vormen de regeringswijk van de Duitse hoofdstad. Met enig geluk loopt u hier een bekende Duitse politicus tegen het lijf, maar u kunt ook een vergadering van de Bondsdag bijwonen.

Op de plek waar de Tweede Wereldoorlog een diepe wond in het stedelijke landschap van Berlijn had geslagen en waar lange tijd alleen maar braakliggende grond was te zien, staan inmiddels fantasierijke regeringsgebouwen die opnieuw glans aan dit gebied aan de Spree geven. Nu wordt hier politiek bedreven. Politiek aan het spoor zou je kunnen zeggen, want sinds 2006 is dit ook de locatie van het nieuwe **Hauptbahnhof** 1, een enorme constructie van glas en staal. Als u het station aan de zuidzijde verlaat, loopt u over een voetgangersbrug in de richting van de Zwitserse ambassade en het Bundeskanzleramt. In het westen licht de zandsteenrode **Moltkebrücke** op.

Bolwerk van politiek

Aan de andere kant van de brug bevindt zich het **Bundeskanzleramt** 2. Als u eerst rechts aanhoudt en het trappetje naar de Bettina-von-Arnim-Ufer afgaat, dan toont het centrum van de macht zich als een vriendelijk bolwerk. Helmut Kohl, de 'kanselier van de Duitse eenheid', liet het representatieve, maar bepaald niet protserige gebouw door de Berlijnse architecten Axel Schultes en Charlotte Frank ontwerpen. Sinds Angela Merkel aan de macht is, landen hier vaker dan voorheen helikopters op het dak. Met het over één centrale kubus en twee zijvleugels verdeelde totaaloppervlak van 12.000 m² met honderden kantoren, vergaderruimten en conferentiezalen is de bondskanselarij acht keer zo groot als het Witte Huis in Washington. Voor het gebouw staat een sculptuur van de Baskische beeldhouwer Eduardo Chillida met de titel 'Berlijn'.

Waar de parlementariërs bijeenkomen ...

De Paul-Löbe-Allee leidt rechtstreeks naar de Platz der Republik en het machtige **Reichstaggebouw** 3. Ten tijde van het keizerrijk werd het door Paul Wallot ontworpen en in 1894 voltooid. Pas in 1916 kwam op het fronton boven de ingang 'Dem Deutschen Volke' te staan, en slechts twee jaar later riep Philipp Scheidemann hier de republiek uit. In 1933 volgde de brand in de Reichstag, die de nazi's te baat namen om elke vorm van oppositie in het land de kop in te drukken. Na de oorlog stond het gebouw er wat verloren bij, want pal erachter liep de Muur. In 1995 leverde kunstenaar Christo een spectaculaire prestatie door de Reichstag helemaal in te pakken. Daarna heeft toparchitect Norman Foster het gebouw deels van een nieuw uiterlijk voorzien en komt hier vanaf september 1999 de Duitse Bondsdag bijeen.

Foster zette een doorzichtige koepel op het gebouw, die licht in de parlementszaal brengt – en een uniek uitzicht op het Regierungsviertel biedt. De koepel is de bestemming van grote aantallen toeristen, die na het passeren van de veiligheidscontrole de lift omhoog nemen en daar via de ook vanbuiten zichtbare spiraalvormige hellingbanen langs de binnenwand van de glazen constructie naar het uitkijkplatform wandelen.

Overigens: ten zuiden van de bondskanselarij ligt een ruim en rustig **beeldenpark** 4. Een gedenkplaat herinnert aan de oude Krolloper, het operagebouw waar de nazi's na de brand in de Reichstag hun toevlucht zochten en waar afscheid werd genomen van de machtigingswet. Hier loopt u Tiergarten in, een oase voor rustzoekers.

... en de politici werken

In het **Paul-Löbe-Haus** 5, dat rond verscheidene binnenplaatsen is gebouwd, bevinden zich de werkruimten van de Duitse parlementariërs. Ertegenover is in het **Marie-Elisabeth-Lüders-Haus** 6 het wetenschappelijke dienstencentrum van de Bondsdag gevestigd. Het grootste nieuwe parlementsgebouw – met kantoren, allerlei parlementsdiensten en het perscentrum – is het **Jacob-Kaiser-Haus** 7, achter de Reichstag. Het gebouwencomplex strekt zich aan weerszijden van de Dorotheenstraße uit. In het complex is ook het historische **Palais des Reichstagspräsidenten** 8 geïntegreerd.

Vanaf de andere oever hebt u zittend op een van de bankjes of op de grote trap voor het Marie-Elisabeth-Lüders-Haus een mooi uitzicht over de bocht in de Spree, de vloot plezierboten en het Palais des Reichstagspräsidenten – de juiste plek om te bedenken hoe gelukkig u zich mag prijzen om in een vrije en democratische samenleving zonder muren te leven waarin u uw stem kunt laten horen zonder te worden vervolgd.

Openingstijden

Reichstag 3: bundestag.de, koepel dag. 8-22 uur (laatste entree), toegang gratis. De koepel is 4 x per jaar een aantal dagen voor schoonmaak gesloten. Bezichtiging parlementszaal elk heel uur (duur: drie kwartier), behalve als er een zitting plaatsvindt. Rondleiding kunst en architectuur za., zo. 11.30 uur (legitimatie meenemen!), aanmelden via tel. 030 22 73 21 52 of fax 030 22 73 00 27.

In de omgeving

Vlak bij de bondskanselarij staat het **Haus der Kulturen der Welt** 9, een voormalig congrescentrum uit de jaren vijftig van de vorige eeuw dat destijds vanwege zijn aparte dakconstructie 'zwangere oester' werd genoemd. Nu worden er tentoonstellingen, dans- en toneeluitvoeringen en discussieavonden georganiseerd (John-Foster-Dulles-Allee 10, hkw.de, U: Bundestag, dag. 10-19, tentoonstellingen wo.-ma. 11-19 uur).
Op het **carrillon** 10, een met de hand bespeeld klokkenspel (het grootste instrument ter wereld) in de buurt van de John-Foster-Dulles-Allee, wordt meestal op zo. om 15 uur een prachtig concert gegeven.

Chillen, eten, uitgaan

Bij goed weer waant u zich op de ligstoelen van **Capital Beach** 1 op een mediterraan strand, maar dan met uitzicht op het Hauptbahnhof en de Humboldthafen. Op de kaart staan onder andere cocktails en bistrogerechten (Ludwig-Erhard-Ufer, capital-beach.eu, S: Hauptbahnhof, dag. vanaf 10 uur).
Vanuit **Zollpackhof** 2, aan de andere kant van de Spree, hebt u mooi uitzicht op de kanselarij. In de zomer kunt u hier buiten zitten (Elisabeth-Abegg-Straße 1, tel. 030 33 09 97 20, zollpackhof.de, S: Hauptbahnhof, restaurant dag. vanaf 10/11 uur, terras apr.-sept. 12-24, za., zo. 10-24 uur).
Voor cabaret, chansons, variété en musicals gaat u naar **Tipi** 1 in de variététent in Tiergarten. Het terras loopt bijna tot aan het hek van de kanselarij (Große Querallee, tel. 030 39 06 65 50, tipi-am-kanzleramt.de, bus 100, M85, U: Bundestag, di.-za. vanaf 17.30, zo. vanaf 16.30 uur).

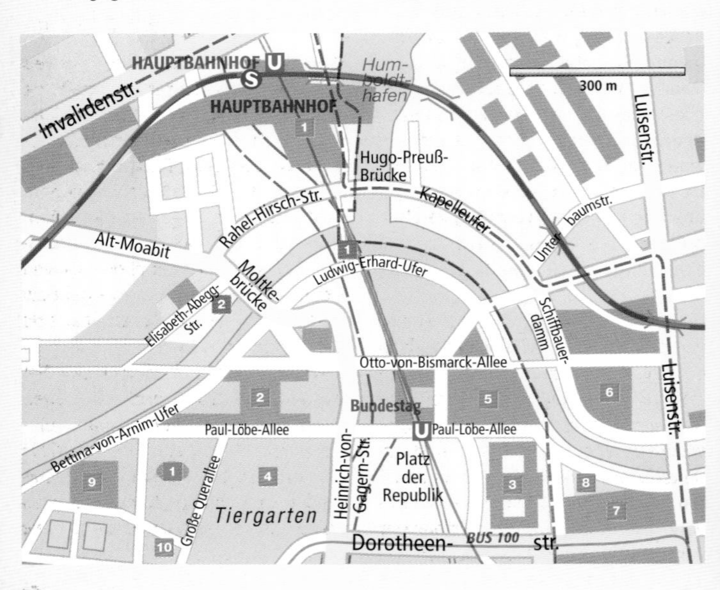

8 Het nieuwe Mitte – rond de Potsdamer Platz

Kaart: ▶ F 5
Vervoer: U/S: Potsdamer Platz, bus: 200, M48

In de jaren twintig van de vorige eeuw was de Potsdamer Platz een centrum van de stad, een druk verkeersknooppunt en een van de levendigste pleinen van Europa. Daarna bood het decennialang een trieste aanblik: een platgebombardeerd, braakliggend stuk grond waarover de Berlijnse Muur liep. De futuristische nieuwbouw bracht de wederopstanding van het oude stadscentrum met zich, en een stevige portie Manhattan-flair.

Het plein staat weer in het middelpunt van de belangtelling en geldt vandaag de dag als een van de opvallendste locaties in Berlijn. Dat komt vooral door de spectaculaire nieuwe gebouwen, waarin de fantasieën voor een stad van de toekomst gestalte kregen. In de jaren negentig van de vorige eeuw bevond zich hier de grootste bouwput van Europa, waaruit uiteindelijk een soort Skyscraper City voor de 21e eeuw verrees.

Symbolen van het nieuwe Berlijn

Met de imposante glazen gevels van het **Sony-Center** 1 heeft de Amerikaanse architect Helmut Jahn zich op Amerikaans-Aziatische voorbeelden gebaseerd. Tussen de gebouwen opent zich een lichte binnenplaats, de Sony Plaza, een soort hightech-marktplein met een spectaculaire, tentdakachtige koepel die erboven lijkt te zweven. Het hoogste gebouw van het complex van glas en staal is de 103 m hoge **Bahn Tower**.

In het Sony-Center vindt u ook het **Museum für Film und Fernsehen Deutsche Kinemathek** 2, waar bioscoopliefhebbers een multimediale reis door de Duitse filmgeschiedenis kunnen maken: van stomme films en producties uit de nazitijd tot actuele werken.

Overigens: jaarlijks vindt in februari rond de **Marlene-Dietrich-Platz** 4, waar ook het Berlinale-Palast staat, het belangrijkste filmfestival van Duitsland plaats: de Berlinale. Voor de sterren en starlets van het witte doek wordt hier dan een rood tapijt uitgerold, en uit de hele wereld komen filmliefhebbers naar de Potsdamer Platz. Iedereen kan een kaartje voor het filmfestival kopen.

Een heel ander architectonisch accent legt **Daimler City** 3 tussen de Potsdamer Straße, de Linkstraße en het Landwehrkanal. Het totaalontwerp is van het architectenbureau Hilmer & Sattler, dat waarschijnlijk een ideaalbeeld van een 'Europese stad op zich' voor ogen had, met smalle straatjes, een laan, afwisselende perspectieven, veel water en een enorm winkelcentrum. Aan de uitvoering ervan hebben verscheidene architecten gewerkt. Hans Kollhoff creëerde de met bakstenen beklede **Kollhoff-Tower** 5 bij de toegang tot Daimler City, naar het voorbeeld van Amerikaanse art-decowolkenkrabbers. Het panoramaterras is beslist de moeite waard (zie blz. 53).

Aan de oostkant wordt Daimler City begrensd door het kantorencomplex **Park Kolonnaden** 6 (ontwerp: Giorgio Grassi). De gebouwen zien er eenvoudig uit, maar zijn vanwege de metrotunnel eronder bouwtechnisch als bruggen gebouwd.

Kunst en cultuur genoeg

Bij het ontwerp van het **Kulturforum** tussen Tiergarten en het Landwehrkanal speelde in de jaren vijftig van de vorige eeuw architect Hans Scharoun een belangrijke rol: voor het nieuwe culturele centrum rond de eerbiedwaardige **St.-Matthäus-Kirche** 7, die in 1846 door Stüler werd gebouwd, had Scharoun ruime en lichte bebouwing in een soort landschapspark in gedachten – helemaal het tegendeel van de dicht bebouwde Potsdamer Platz. Scharoun ontwierp zelf de haast speelse **Philharmonie** 8 (1963) en de **Staatsbibliothek** 9 (1972) aan de zuidkant van de Potsdamer Straße.

De **Neue Nationalgalerie** 10 uit 1968 draagt de signatuur van Mies van der Rohe. Binnen vindt u schilderijen en beeldhouwwerken uit de 20e eeuw, en bovendien zijn er regelmatig spectaculaire wisseltentoonstellingen.

De in 1998 geopende **Gemäldegalerie** 11 is een ontwerp van het architectenbureau Hilmer & Sattler. De prachtige collectie schilderijen kan een vergelijking met de grote musea in Europa moeiteloos doorstaan. In de 52 zalen hangen meer dan duizend schilderijen (van de in totaal drieduizend) uit zeshonderd jaar westerse schilderkunst, waaronder werken van Giorgione, Rafaël, Titiaan, Botticelli, Van Eyck, Rubens en Rembrandt.

Het in 1985 voltooide **Kunstgewerbemuseum** 12 leidt ten onrechte een schaduwbestaan in het Kulturforum. De collectie bestaat uit meubilair, kleding, goud- en zilverwerk, porselein, schatten uit middeleeuwse kerken en paleizen, kostbare faiences uit Delft, barok glaswerk, en kunstnijverheid van classicisme tot jugendstil, maar ook industriële ontwerpen zoals kuipstoelen van polyester en metaal.

Via de Leipziger Straße naar het oosten

Om de hoek van de Potsdamer Platz wordt de historische achthoekige vorm van de **Leipziger Platz** van nieuwe architectuur voorzien, maar nu gaat het plein deels nog schuil achter steigers. In het jaar 2000 betrok de

Bundesrat 13 een oud Pruisisch herenhuis uit 1904, waarvan de zuilen en het voorhof nog van de vervlogen aristocratische macht getuigen (bezichtiging mogelijk, bundesrat.de).

Het **ministerie van Financiën** 14, dat in 1936 werd gebouwd als ministerie van de Rijksluchtvaart, was in de DDR-tijd het 'Haus der Ministerien'. Hier culmineerde op 17 juni 1953 de arbeidersopstand, die door Russische tanks werd neergeslagen.

Het **Museum für Kommunikation** 15 is het eerste postmuseum ter wereld (1874). Het 150 jaar oude gebouw wordt 's avonds prachtig verlicht.

Informatie

De musea van het Kulturforum: smb. museum
Filmmuseum Berlin 2: Potsdamer Straße 2, filmmuseum-berlin.de, di.-zo. 10-18, do. tot 20 uur, € 6/4,50.
Neue Nationalgalerie 10: Potsdamer Straße 50, di.-vr. 10-18, do. tot 22, za., zo. 11-18 uur, € 10/5.
Gemäldegalerie 11: Matthäikirchplatz, di.-zo. 10-18, do. tot 22 uur, € 8/4.
Kunstgewerbemuseum 12: Matthäikirchplatz, di.-vr. 10-18, za., zo. 11-18 uur, € 8/4.
Museum für Kommunikation 15: Leipziger Straße 16, mfk-berlin.de, di. 9-20, wo.-vr. 9-17, za., zo. 10-18 uur, € 3/1,50.

Panoramaterras in de Kollhoff-Tower

5: Potsdamer Platz 1, panorama punkt.de, dag. 10-20 uur, bij goed zicht langer, toegang (lift en expositie) € 6,50/4,50. De snelste lift van Europa brengt u naar het beste uitzicht op het Regierungsviertel, de Brandenburger Tor en heel Berlin-Mitte. In het café, dat rondom van glas is voorzien, waant u zich vlak bij de hemel. De expositie biedt inzicht in de geschiedenis van het plein.

Goedkoop eten

Bij Aziatisch restaurant **coa** 1 (Potsdamer Platz 5, coa.as, 10-23 uur, hoofdgerechten € 4-9) eet u eenvoudig, maar veelzijdiger en smakelijker dan bij andere Aziatische gelegenheden. De gerechten hebben Vietnamese, Chinese, Thaise en Indiase invloeden ondergaan.

Winkelen

In de ruim honderd winkels van de **Potsdamer Platz Arkaden** 1 (Alte Potsdamer Straße 7, ma.-za. 10-22 uur) vindt u gewoonweg alles: van souvenirs en mode tot levensmiddelen.

9 Met de fiets de natuur in – Tiergarten

Kaart: ▶ B-G 3-6
Vervoer: S/U: Friedrichstraße, bus: 100

Waterpartijen en groenstroken verhogen de kwaliteit van leven in Berlijn aanmerkelijk. De grootste stedelijke oase is Tiergarten, dat met weelderige bossen lonkt. Het park is zo groot dat u het beste de fiets kunt nemen. Ook de stedelingen zoeken hier ontspanning en een schaduwrijk plekje voor een siësta, om aan het einde van de dag een biertje aan het water te nemen.

De hoek van de Friedrichstraße en de Schiffbauerdamm is een goede uitvalsbasis voor een bezoek aan Tiergarten. Daar hebt u de keuze uit verscheidene fietsverhuurders en kunt u als voorbereiding op uw tocht nog even de inwendige mens versterken in de **kantine van het Berliner Ensemble** 1, het grote Brecht-theater. Daarvoor gaat u rechts langs het gebouw en de portier. Bent u eenmaal voldaan, dan kunt u de prachtige rit langs de Spree beginnen, met uitzicht op het **Regierungsviertel** (zie blz. 48).

Op de oevers van de regering

De tocht voert langs cafés en bars zoals **Ständige Vertretung** 2, de mediaconcerns **RTL** 1 en **ARD** 2 – aan de andere kant van het water – en het **Marie-Elisabeth-Lüders-Haus** 3 met de Bondsdagbibliotheek, en vervolgens onder de voetgangersbrug van de parlementariërs door. Nadat u via het prachtig aangelegde fietspad de **Bundespressekonferenz** 4 en meteen daarna het **Bundespressestrand** 1 gepasseerd bent, fietst u bij gebrek aan nog één brug omhoog naar het **Hauptbahnhof** 5 om meteen weer af te dalen naar de Spree. Al gauw hebt u een prachtig uitzicht op de rivier met de plezierboten en het **Bundeskanzleramt** 6 erachter – hier lijkt het alsof er alleen maar gechild wordt in de Berlijnse politiek.

Links ziet u het **Haus der Kulturen der Welt** 7, voor u respectievelijk aan uw rechterhand de appartementen van de zogeheten **Bundesschlange** 8, die bedoeld waren als woonruimte voor politici. Omdat zij de voorkeur aan andere huisvesting gaven, mag tegenwoordig iedereen hier met uitzicht op de Spree wonen.

Tiergarten in

Vervolgens gaat u linksaf over de brug van de Paulstraße Tiergarten in, waar vlak bij de Spree het streng bewaakte en niet openbaar toegankelijke **Schloss Bellevue** 9 staat. Het kasteel is de residentie van de bondspresident. Een stukje verder komt u bij het drukke verkeersplein Große Stern, waar in het midden de **Siegessäule** 10 prijkt. De kleine huisjes rond het plein zijn de ingangen van tunnels naar de Siegessäule, die ooit voor de Reichstag stond maar op bevel van Hitler hiernaartoe is verplaatst. De zuil met het goudkleurige beeld van Victoria herinnert aan de roemrijke overwinningen van Pruisen. U kunt 'Goldelse', zoals het beeld in de volksmond wordt genoemd, ook beklimmen. Vanboven hebt u het mooiste uitzicht op de moeder van alle Berlijnse boulevards: de Straße des 17. Juni.

Aan de andere kant van de Siegessäule begint de Fasanerieallee. Meteen wordt het rustiger. Langs de weg door het park staan sierlijke standbeelden. Afhankelijk van het seizoen liggen er aan weerszijden zonaanbidders en zijn gezinnen legaal of illegaal aan het barbecuen: ontspannen staat overal in Berlijn op het programma. Achter het **monument voor de vossenjacht,** vlak bij de **Spaanse ambassade** 11, zult u een beslissing moeten nemen: rechts gaat u naar het **Café am Neuen See** 3, waar een enorm terras en roeibootjes lonken, rechtdoor gaat u over de smalle Lichtenstein-Brücke rechtstreeks naar de **Zoologische Garten** 12 en het kangoeroeverblijf. Rechts langs het Landwehrkanal – deze weg wordt om 21 uur afgesloten – staan bankjes vanwaar u de wilde ezels, kraanvogels, wilde honden, emoes en fazanten van de dierentuin kunt bekijken. Aan het einde van de weg kunt u even een pauze inlassen in de **Schleusenkrug** 4, een rustige uitspanning die zich alweer vlak bij het bruisende stadsleven bevindt.

Overigens: Tiergarten is het oudste, belangrijkste en met 220 ha grootste park van Berlijn. In de 16e eeuw lieten de keurvorsten hier herten, auerhanen, damherten en reeën uitzetten voor de jacht – en langs de directe toegangsweg tot het kasteel de 'linden' (zie blz. 30) planten. Frederik de Grote liet het dierenpark in een lusthof van de Pruisische koningen veranderen; de eerste uitspanningen verrezen rond 1745. Na de Tweede Wereldoorlog gebruikten de stedelingen de bomen in Tiergarten als brandhout. Van de 200.000 exemplaren bleven er maar 700 staan!

Terug naar de stad

Rijd vervolgens terug naar de Spaanse ambassade en sla rechtsaf de Großen Weg in, die langs de zuidkant van Tiergarten loopt. Ga vlak na de afslag naar de Ahornsteig nog even op bezoek bij **koningin Louise** 13 op haar bloemrijke eiland. Ooit keerde de koningin zich tegen Napoleon, die zijn intrek in Schloss Charlottenburg had genomen, en steunde ze de Pruisische hervormers. In de Ahornsteig kunt u ook nog de componisten Haydn, Mozart en Beethoven respect gaan bewijzen. Uw fietstocht eindigt bij de Brandenburger Tor.

Zoologische Garten

De **Zoo** 12 (Hardenbergplatz 8, Budapester Straße 34, zoo-berlin.de, dag. 9-19, aquarium 9-18 uur, € 12/9, met aquarium € 18/14) is de oudste dierentuin van Duitsland (1844) en met zijn veertienduizend dieren van ongeveer veertienhonderd soorten de veelsoortigste ter wereld. Alexander von Humboldt deed destijds de suggestie om tegemoet te komen aan de gestegen interesse in de natuur onder de Berlijners, de vormgeving gaat terug op Lenné en Frederik Willem IV gaf zijn dieren uit de menagerie op het Pfaueninsel cadeau. Vandaag de dag zijn ijsbeer Knut en panda Bao Bao de grootste attracties. Het aquarium is helemaal nieuw vormgegeven.

Eten, drinken en uitgaan

De **kantine in het Berliner Ensemble** 1 (Bertolt-Brecht-Platz 1, myspace.com/be.kantine, ma.-za. 9-24, zo. 16-24 uur, buiten het theaterseizoen beperkt open) is onderhoudend en goed, en in **Ständige Vertretung** 2 (zie blz. 99) hebt u de kans om Duitse politici tegen het lijf te lopen. Terrassen in het park vindt u onder andere bij het **Café am Neuen See** 3 (Lichtensteinallee 2, tel. 030 25 44 93 30, dec.-mrt. za., zo. 10-23 uur, 's zomers dag. 10-23 uur) en bij de **Schleusenkrug** 4 (Müller-Breslau-Straße 1, tel. 030 313 99 09, schleusenkrug.de, 's zomers dag. 10-1, anders 10/11-19 uur). Een goed uitgaansadres is het **Bundespressestrand** 1 (zie blz. 110).

Fietsverhuur

Bij fietsverhuurder **Take a Bike** 1 (Neustädtische Kirchstraße 8, tel. 030 20 65 47 30, takeabike.de) kunt u een fiets huren voor € 12,50 per dag. Alternatieven zijn het **Fahrradstation bij station Friedrichstraße** 2 (ingang Dorotheenstraße 30, tel. 030 28 38 48 48, fahrradstation.com, ma.-vr. 10-19.30, za. tot 18, zo. tot 16 uur, € 15 per dag) en de **Fahrradservice bij het Friedrichstadtpalast** 3 (Friedrichstraße 129, hoek Claire-Waldoffstr. 2, tel. 030 447 66 66, fahrrad-countrybar.de.be, dag. 9-20 uur, € 15 per dag).

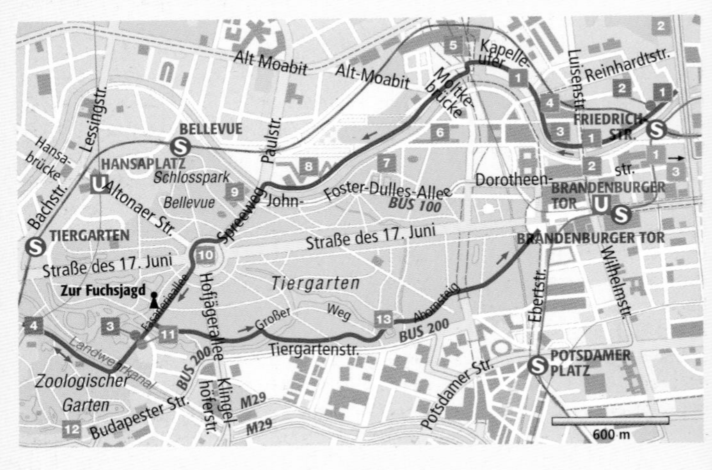

10 Stadse elegantie en koopwoede – de Kurfürstendamm

Kaart: ▶ A-C 6
Vervoer: U: Wittenbergplatz, bus: 100, M19, M29

Voor een goede winkelstraat zijn brede trottoirs, schaduwrijke bomen, weinig verkeer, een overtuigende architectuur en winkels in overvloed nodig: de Kurfürstendamm heeft het allemaal. De Berlijners noemen de straat liefkozend 'Ku'damm'.

De Kurfürstendamm is nog altijd het populairste winkelgebied van Berlijn – nog voor de Alexanderplatz en de Friedrichstraße. Met deze boulevard, die overigens in 1897 met 5 m brede ruiterpaden werd aangelegd, wilde rijkskanselier Bismarck de prachtige boulevards van Parijs naar de kroon steken. Geen enkel huis mocht echter hoger zijn dan het toenmalige stadskasteel, een regel die ook bij de wederopbouw na de Tweede Wereldoorlog en bij alle latere moderniseringen werd gerespecteerd. Nu dringen investeerders er echter op aan dat in de hoogte mag worden gebouwd, bij Bahnhof Zoo tot 118 m. Op de Ku'damm staat slenteren en winkelen op het programma. Weliswaar leggen de bioscopen het loodje en verplaatst het uitgaansleven zich naar het oosten van de stad, maar met de mode gaat het hier nog altijd goed.

Winkelparadijs

De verlenging van de 3,5 km lange flaneerboulevard tot aan de Wittenbergplatz werd in 1907 afgesloten met de opening van het **KaDeWe** (Kaufhaus des Westens) [1]. Het grootste warenhuis van het Europese vasteland trekt dagelijks ongeveer zestigduizend klanten.

In het **Europa-Center** [1] vindt u naast zeventig winkels ook cafés en filialen van fastfoodketens. De aangrenzende Breitscheidplatz met de **wereldbolfontein** [2] is een verzamelplaats van sieradenhandelaars, por-

De ruïne van de Gedächtniskirche herinnert aan de verwoestingen van de Tweede Wereldoorlog

trettekenaars, muzikanten en artiesten. Het is hier dag en nacht levendig. Aan het plein staat de **Kaiser-Wilhelm-Gedächtniskirche** 3, een van de bekendste symbolen van Berlijn. Na de verwoesting van de kerk in de Tweede Wereldoorlog bleef de ruïne van de toren als monument bewaard. Het nieuwe godshuis uit 1961 vormt een scherp contrast met de ruïne. In de gedenkhal vindt u marmeren reliëfs en mozaïeken uit het ooit prachtige interieur van de kerk, die in 1895 als onderdeel van de uitbreiding van de Kurfürstendamm werd voltooid.

Nieuwe accenten op de Ku'damm

Op de kruising van de Kurfürstendamm en de Joachimsthaler Straße werd voor een bedrag van 330 miljoen euro de **Neue Kranzlereck** 4 gebouwd, een 160 m lang kantorencomplex dat ontworpen is door de Duitse Amerikaan Helmut Jahn. Ertegenover verrees voor 43 miljoen euro de **Kudamm-Eck** 5, een ontwerp van de architecten Gerkan, Marg en partners. Op de bovenste zes verdiepingen is het vijfsterrenhotel Swissôtel gevestigd, op de vier etages eronder bevindt zich een vestiging van C&A. Blikvangers van het gebouw zijn de videowall en de beeldengroep van Paris en de drie gratiën, die in de gevel is verwerkt. De beelden zijn gemaakt door de Duitse beeldhouwer Markus Lüpertz.

Het rijke Berlijn

In de **Meineke-**, **de Fasanen- en de Grolmannstraße** rijgen de chique boetieks van grote modemerken, de antiekwinkels en de juweliershuizen met prachtige sieraden zich aaneen – een onverstoord beeld van luxe en kunst. In de Höhe Fasanenstraße begint het met Tommy Hilfiger en dan volgen Uli Knecht, Kookai, Douglas, Tizian, Budapester Schuhe, Aigner en Marina Rinaldi, met daartussen nog Caras Gourmet en Starbucks.

De internationale haute couture concentreert zich op de Kurfürstendamm rond de **Schlüter- en de Wielandstraße**, tot ongeveer de hoogte van de Giesebrechtstraße. In de gerestaureerde 19e-eeuwse panden hebben zich gerenommeerde winkels gevestigd, zoals van Jean Paul Gaultier, Sonia Rykiel, Jil Sander en Chanel.

Uitstapje naar de Savignyplatz

Van de commercie van de Kurfürstendamm naar het intellect rond de **Savignyplatz** 6! Het plein is omzoomd met boekhandels, antiquariaten, galeries, bars en bistro's. U kunt het spoor van de intellectuelen volgen in de drie straten die verder naar het noorden lopen.

Informatie

Kaiser-Wilhelm-Gedächtniskirche 3: Breitscheidplatz, gedaechtniskirche.com, 9-19, gedenkhal ma.-za. 10-16.30 uur.

Ku'damm culinair

In restaurant **Reinhard's** 1 (Kurfürstendamm 27, tel. 030 20 45 45 45, restaurant-reinhards.de, dag. 6.30-1 uur) ontmoeten mensen met tasjes van exclusieve merken elkaar onder het genot van een glaasje champagne. Een uitstekend alternatief is **Restaurant 44** 2 in het Swissôtel (zie blz. 97).
Een van de leukste en stijlvolste cafés van Berlijn is het **Café im Literaturhaus** 3, waar u in de zomer in de tuin kunt zitten (zie blz. 95). In **King's Teagarden** 4 (Kurfürstendamm 66, tel. 030 883 70 59, kingsteagarden.de, ma.-za. 10-19 uur) maakt u een keuze uit de meer dan driehonderd soorten thee, neemt u er desgewenst een gebakje bij en geniet u van het uitzicht op de Ku'damm.

Winkelen

Het meer dan honderd jaar oude **KaDeWe** 1 (zie blz. 107) heeft recht op een bezoekje. Ook wie niets nodig heeft, zal graag op de fijnproeversetage blijven hangen. Op de **Ku'damm** bieden de talloze modewinkels voor elk wat wils.
Een stukje Berlijnse cultuur is de **Autorenbuchhandlung** 2 (Carmerstraße 10, Charlottenburg, autorenbuchhandlung-berlin.de, ma.-vr. 10-20, za. 10-18 uur) die in 1976 door 120 schrijvers werd opgericht. Grote afdeling lyriek.

Overdag en 's avonds

Even een drankje tussendoor met een echte havanna erbij? Ga dan naar **La Casa del Habano** 1 in Hotel Savoy in de Fasanenstraße (ma.-za. vanaf 11 uur tot diep in de nacht, zie blz. 113).

11 Kunst op de muur – de East Side Gallery

Kaart: ▶ M 5-6
Vervoer: S/U: Warschauer Straße, Ostbahnhof

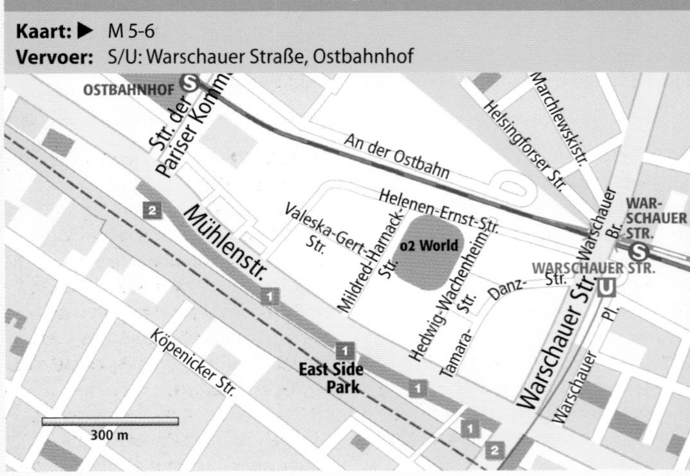

Er zijn nog maar weinig plekken in Berlijn die eraan herinneren dat de stad tot 1989 uit twee delen bestond. De metropool werd doorsneden door een Muur en een streng bewaakt niemandsland. Een overblijfsel van de voormalige grensscheiding aan de oever van de Spree doet nu dienst als galerie.

Waar in de stad ooit de grens tussen het vrije westen en het oosten van Europa heeft gelopen, is voor bezoekers niet zo eenvoudig meer vast te stellen. Oost en west zijn aaneengegroeid in Berlijn, de meestal aan een dubbele rij straatstenen herkenbare oude overgangen zijn in het straatbeeld vrijwel niet meer zichtbaar.

De Muur

Vlak na de val van de Muur leek er niets belangrijker dan het bouwwerk zo snel mogelijk helemaal uit de weg te ruimen. De brokstukken werden over de hele wereld als souvenir verkocht. Maar in de Mühlenstraße tussen het Ostbahnhof en de Oberbaumbrücke is een circa 1300 m lang gedeelte van de 'anti-imperialistische verdedigingswal' uit de DDR-tijd bewaard gebleven. Dit stuk van de Muur moest de Oost-Duitse bevolking ervan weerhouden om via de Spree naar het westen te vluchten.

Van 'anti-imperialistische verdedingswal' tot kunstwerk

Uit de euforie over de hereniging en de samensmelting van de beide Duitse kunstenaarsbonden kwam het idee naar voren om het stuk Muur aan de Mühlenstraße door kunstenaars uit de hele wereld te laten beschilderen. In de lente van 1990 gingen 118 kunstenaars uit 21 landen aan het werk.

Ze creëerden de **East Side Gallery** 1, de langste openluchtgalerie ter wereld, met afbeeldingen die de wereld overgingen. Afbeeldingen die zowel herinneringen als een toekomstvisie weergeven. Afbeeldingen die als citaten van het verleden zelf vaak worden aangehaald, zoals de broederkus van Leonid Brezjnjev en Erich Honecker van Dimitri Wrubel of het Trabantje dat de muur doorboort van Birgit Kinder. Deze kunstgalerie onder de blote hemel is een bijzondere plek. Veel afbeeldingen verweerden in de loop der tijd of werden besmeurd. Op initiatief van kunstenaar Kani Alavi konden 87 afbeeldingen met overheidsgelden worden opgeknapt.

Informatie

eastsidegallery-berlin.de

In de omgeving

De tussen 1894 en 1896 van bakstenen gebouwde **Oberbaumbrücke** 2 over de Spree was ooit een tolbrug die 's nachts met een slagboom werd afgesloten. De zuilengang en de torens van de dubbeldekse brug doen denken aan de Hanze-architectuur.

Ontspannen en uitgaan

Twee openingen in de Muur leiden naar strandbars op de oever van de Spree. Hier kunt u aan de rivier een cocktailtje drinken, beachvolleyballen of een pizza eten; en wel bij **East Side Blick** 1 (tel. 030 20 68 79 63, east-side-blick.de, dag. 9-24, 's winters 10-19 uur) of bij **Strandgut** 2 (strandgut-berlin.com, dag. 11 uur-laat), waar u met een aangenaam achtergrondmuziekje op een strandstoel zit of op een knus bedje ligt. En als het eens een keertje regent, dan kunt u schuilen in de tent. Bij **Speicher Dance & more** 1 (Mühlenstraße 78-80, tel. 030 293 38 00, speicher-discothek.de), een graanpakhuis uit 1907, kunt u overdag op het terras een kleinigheid eten, met uitzicht op de Spree. 's Avonds wordt er hier op diverse verdiepingen tot in de vroege uurtjes gedanst en geflirt.

Creatieve kunst op de voormalige scheidingsmuur tussen Oost- en West-Berlijn

12 Feest voor iedereen, dag en nacht – Friedrichshain

Kaart: ▶ ten oosten van M 4
Vervoer: S/U: Warschauer Straße, Frankfurter Tor

Natuurlijk is er sinds de vreedzame revolutie van 1989 veel veranderd in deze Oost-Berlijnse wijk. Uit alle delen van de wereld zijn studenten gekomen en talloze cafés, clubs en bars hebben hun deuren geopend. Maar nog altijd zijn niet alle huizen gerenoveerd, en nog altijd kunnen de mensen van het eerste uur in enigszins verwilderde kroegen ongestoord van spontane rockconcerten genieten.

Onder studenten zal Friedrichshain nog wel enige tijd de populairste woonwijk van Berlijn blijven, want er worden hier nog kale huurprijzen van € 5 per m² gerekend. Zelfs in vergelijking met kleinere Duitse steden is dat ronduit goedkoop te noemen. De ruim honderd bars en restaurants rond de Boxhagener Platz zorgen zowel overdag als 's nachts voor een vrolijke infrastructuur. Hoewel ook in Friederichshain de oude bewoners uit de DDR-tijd het hazenpad hebben gekozen, is er hier beslist geen sprake van gentrificatie zoals in Prenzlauer Berg.

Het kloppende hart

Voor een uitstapje naar deze vrijdenkende buurt ten zuiden van de Frankfurter Allee is de zondag het meest geschikt, want dan wordt er op de **Boxhagener Platz** 1 een **vlooienmarkt** gehouden. Veel kunstenaars gebruiken de markt als galerie voor hun werken, zoals ook elders in Berlijn te doen gebruikelijk. U vindt hier dus van alles, van huishoudschorten tot kunstwerken en van 'ik-heb-m'n-zolder-uitgemest-kraampjes' tot extravagante lampen, meubilair uit het voormalige Oostblok en T-shirts. De verkopers kennen elkaar, steeds weer dezelfde mensen stallen hier hun spullen uit – en daarom ademt het plein een bijna familiaire sfeer.

Het leven rond het plein

Op zondag begint hier dus de dag van veel Friedrichshainers: ze gaan naar de markt of komen er net vandaan en stappen vervolgens een van de cafés aan het plein binnen.

Ook op culinair gebied heeft Friedrichshain een heel eigen karakter. Dat blijkt wel uit de eenvoudige eetgelegenheden rond de Boxhagener Platz. Zo verkoopt snackbar **Burgeramt** 1 in de Krossener Straße waarschijnlijk de beste hamburgers van de stad. Pal ernaast zit **Al Gasali** 2, een onooglijk zaakje dat uitstekend bekendstaat om zijn falafel (balletjes van kikkererwten). **Volckswirtschaft** 3 lonkt met biologische en duurzame gerechten voor studentenprijzen – en maakt reclame met een organisatie waarin geen sprake is van hiërarchie, wat perfect bij de clientèle in Friedrichshain past.

Artliners 1 in de Gärtnerstraße is een van de enigszins verwilderde rockcafés van Friedrichshain. In eerste instantie durft u waarschijnlijk niet eens naar binnen te gaan! Maar met enig geluk wordt er net een concert gegeven en zit de stemming er goed in. Ertegenover vindt u **Szimpla** 2, dat er minder verloederd uitziet en elke week wel het decor van een Hongaars concert is. U kunt hier ook een kleinigheid eten.

De Simon-Dach-Straße

In de Simon-Dach-Straße hebben de inwoners zich geschikt in de populariteit van de wijk en heeft men beslist geen problemen met de veelal jonge toeristen. Gebak is de specialiteit van de straat, en er zijn meteen maar twee gelegenheden die populair zijn vanwege hun creaties: **Kaffeeladen** 4 en **KuchenRausch** 5. De laatste is aan een mooie, grote kruising gevestigd, waar u ontspannen kunt genieten van het stadse leven.

Bovendien lonken de **Eismanufaktur** 6, die met ijssoorten zoals basilicumijs culinaire paden bewandelt, en verder naar het zuiden in de Kopernikusstraße het ongedwongen, maar desondanks elegante Italiaanse restaurant **Miseria e Nobiltà** 7, dat zijn naam in het graniet voor de deur heeft laten graveren. Men serveert hier vijfgangenmenu's vanaf € 50 – was u eigenlijk al voldoende duidelijk geworden dat Friedrichshain echt goedkoop is? Ook in het luxere segment.

Ten slotte verdienen tapasbar **Tafelgold** 8 en cocktailbar **Tafelsilber** 3 nog vermelding. De etablissementen liggen pal naast elkaar en zijn allebei bijzonder aangenaam en gezellig.

Overigens: in 1945 vocht het Sovjetleger zich via de **Frankfurter Allee** Berlijn in, waarbij binnen een paar dagen ongeveer 200.000 soldaten het leven lieten. In 1953 marcheerden Oost-Duitse bouwvakkers over de destijds naar Stalin genoemde straat naar de Leipziger Platz, tegen hogere normen en voor politieke vrijheid. Het is een straat met geschiedenis.

Informatie

boxhagenerplatz.de, simon-dach-str.de.

In de omgeving

De **Frankfurter Tor** 2 biedt de gelegenheid voor een korte cursus bouwkunde. Is dat nu de suikerbakkersstijl à la Stalin of een bouwstijl die op Schinkel is gebaseerd? Onmiskenbaar werd hier teruggegrepen op het historische erfgoed van het Berlijnse classicisme, compleet met Dorische en Ionische zuilen. Maar ook de studiereizen van DDR-architecten naar Moskou hebben effect gehad, waardoor een unieke combinatie is ontstaan. De hoge torens met hun koepel zijn een ontwerp van architect Hermann Henselmann. De Karl-Marx-Allee is na de val van de Muur twee keer grondig gerenoveerd en vormt vandaag de dag weer een populaire woonomgeving.

Eten en drinken

Burgeramt 1: Krossener Straße 22, tel. 030 40 03 98 03, burgeramt.com, ma.-do. vanaf 12, za.-zo. vanaf 10 uur.
Al Gasali 2: Krossener Straße 21, tel. 030 23 35 12 36, dag. 10-1 uur.
Volckswirtschaft 3: Krossener Straße 17, tel. 030 29 00 46 04, volckswirt schaft-berlin.de, dag. 9-22/23 uur.
Der Kaffeeladen 4: Simon-Dach-Straße 41a, tel. 030 29 04 89 16, di.-zo. 10-20, keuken di.-vr. tot 19, za.-zo. tot 16 uur.
Kaffeehaus KuchenRausch 5: Simon-Dach-Straße 1, tel. 030 55 95 38 55, kuchenrausch.de, dag. 9-24 uur.
Eismanufaktur 6: Simon-Dach-Straße 9, eismanufaktur.eu, dag. 12-22 uur. Het ijs is zo lekker dat het culinaire tijdschrift 'Feinschmecker' er al twee keer een artikel aan wijdde.
Miseria e Nobiltà 7: Kopernikusstraße 16, tel. 030 29 04 92 49, t-d-g. de/restaurant-miseria-e-nobilta.html, di.-vr. 17-24 uur, reserveren is beslist aan te bevelen.
Tafelgold 8: Niederbarnimstraße 11, tel. 030 74 78 13 64, tafelgold-berlin.de, dag. vanaf 16 uur.

Uitgaan

Artliners 1: Gärtnerstraße 23, tel. 030 97 00 21 57, di.-zo. 15-20 uur en tijdens concerten.
Szimpla 2: Gärtnerstraße 15, tel. 030 66 30 85 23, szimpla.hu/berlin, ma. 14-24, di.-za. 10-2, zo. 11-24 uur.
Tafelsilber 3: Niederbarnimstraße 12, tel. 030 74 78 13 64, do.-za. 20-3 uur.

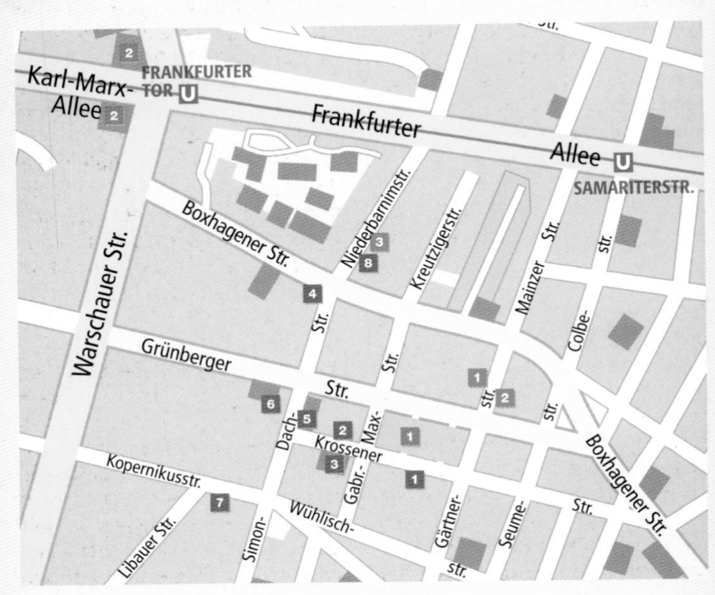

13 Kreuzberg

Kaart: ▶ K-L 5-6
Vervoer: U: Kottbusser Tor, bus: M29 tot de Oranienstraße

Kreuzberg was een bolwerk van de West-Berlijnse tegencultuur en is tegenwoordig een wijk waarop de Turkse bevolking van de stad een groot stempel drukt. De buurt rond de Kottbusser Tor, het voormalige postdistrict 'Südost 36', wordt wel 'Klein-Istanbul' genoemd. De Oranienstraße is nog altijd het domein van homo's, kunstenaars en alternatievelingen.

In de stedelijke jungle

Op metrostation Kottbusser Tor houden ook de Berlijners hun tas wat steviger vast, want het is hier nu eenmaal een verzamelplaats van junks. Eenmaal boven in de frisse lucht staat u voor het oerlelijke flatgebouw **Zentrum Kreuzberg** 1, dat over de Adalbertstraße heen is gebouwd en veel weg heeft van de eenheidsarchitectuur die zo kenmerkend was voor het voormalige Oostblok. Achter het gebouw bevindt zich aan het einde van de Dresdener Straße een van de meest trendy uitgaansgelegenheden van Berlijn: **Möbel Olfe** 1.

De Dresdener Straße zelf is van alle markten thuis: u kunt hier op 1 mei op straat de tango dansen, lekkere pastagerechten eten in de **Gorgonzola Club** 1, uit uw dak gaan in de **Würgeengel** 2 of Engelstalige films bekijken in **Babylon** 3. En dat allemaal in dit gedeelte van de straat tot aan de Oranienplatz.

De Oranienstraße

Alle wegen in Kreuzberg leiden naar de Oranienstraße. De straat is Kreuzberg in een notendop, een centrum van kunst en creativiteit. Hier zijn de mensen jong of jong gebleven, altijd in de weer en niet te beroerd om zichzelf een schouderklopje te geven. De dicht opeengepakte winkeltjes, restaurants, snackbars, boekhandels, Turkse kap-

Overigens: rotzooi in Kreuzberg op 1 mei – dat houdt elk jaar zowel de politie als de media weer bezig. Daarbij zijn vooral herrieschoppers actief, want de maatschappijkritische linkse groeperingen spelen geen rol van betekenis meer. Inmiddels zijn de onruststokers steeds verder buitenspel komen te staan en wordt er op 1 mei alleen nog maar feest gevierd op straat. Een week later vindt de 'lange boekenavond van de Oranienstraße' plaats, die eigenlijk veel beter past bij het Kreuzberg van vandaag de dag.

pers, galeries en winkels met bidkleedjes waarvan de eigenaars uit alle delen van de wereld komen, geven het gevoel dat u alles wat u hier niet kunt vinden ook niet echt nodig hebt.

Ook modeliefhebbers komen hier aan hun trekken. En na een dagje winkelen kunt u onder het genot van een kopje koffie in het trendy **Milch und Zucker** 2, bij het gevestigde **Bateau Ivre** 3 of met een lekker stukje taart in **Bierhimmel** 4 op uw gemak de drukte van Kreuzberg aan u voorbij zien trekken.

SO 36 – de klassieker!

De grote concertclub aan de Oranienstraße draagt trots de naam van de wijk en die van het oude postdistrict Kreuzberg: **SO 36** 5. Sinds de oprichting in de jaren zeventig van de vorige eeuw wordt de club telkens weer met sluiting bedreigd, uiteindelijk ook daadwerkelijk gesloten, maar dan toch weer geopend. De hoogtijdagen van de club lagen in de jaren tachtig, toen hier bezoekers uit de hele wereld kwamen om zich helemaal uit te leven tijdens uitbundige dansfeesten.

Onder de hoede van de aartsengel

De route vanaf de Oranienplatz naar het verder naar het noordoosten gelegen Engelbecken is verrassend betoverend en voert langs een Indiase fontein. Onder het parkachtige terrein liep ooit een kanaal, dat halverwege de 19e eeuw werd aangelegd en aan het begin van de 20e eeuw weer werd gedempt.

In dat Luisenstädtische Kanal deed het **Engelbecken** 2 dienst als kleine haven, waar onder andere de bakstenen voor de bouw van het hedendaagse Luisenstadt werden gelost. Zijn naam dankt het meer aan de aartsengel Michaël, die trots op de **St. Michaelkirche** 3 achter het Engelbecken staat. Voor de verwoesting van de kerk tijdens de Tweede Wereldoorlog was dit een van de mooiste godshuizen van Berlijn. Aan de kop van het meer kunt u bij **Café am Engelbecken** 4 aan het water zitten, met uitzicht op maar liefst zestien fonteinen. Onder de hoede van de jonge Kreuzbergers Akin en Cheena geniet u hier ten volle van deze kleine oase.

De loop van de muur en de Mariannenplatz

De Muur liep vlak langs het meer en volgde vervolgens de ronding van de Engeldamm. De Fransman Thierry Noir beschilderde een stuk van het bouwwerk toen hij in het door de krakersscene bezette Georg-von-Rauch-Haus woonde. En rocker Rio Reiser wijdde met zijn band 'Ton Steine Scherben' een krakershymne aan de **Mariannenplatz** 4. Vandaag de dag is het plein een populaire ontmoetings- en recreatieplaats, die voor allerlei festiviteiten wordt gebruikt. In de zomer vindt hier het straatkunstenaarsfestival 'Berlin lacht' plaats, en op 1 mei het 'Myfest'.

Voor Kreuzberg-fans

Het **Kreuzberg Museum** 5 (Adalbertstraße 95a, kreuzberg museum.de, wo.-zo. 12-18 uur, toegang gratis) biedt inzicht in de geschiedenis van de wijk.

Eten en drinken

Gorgonzola Club 1: Dresdener Straße 121, tel. 030 615 64 73, gorgon zolaclub.de, dag. vanaf 18 uur.
Milch und Zucker 2: Oranienstraße 37, tel. 030 61 67 14 97, milch-und-zucker-berlin.de, ma.-vr. 7-19, za. 9-19, zo. 10-18 uur.
Bistro-Bar Bateau Ivre 3: Oranienstraße 18, tel. 030 61 40 36 59, dag. 9-3, keuken tot 16, tapas tot 3 uur.
Café am Engelbecken 4: Michaelkirchplatz, tel. 030 28 37 68 16, dag. 10-24 uur.
In **Sol y Sombra** 5 (Oranienplatz 5, tel. 030 69 53 38 87, solysombra-berlin. de, dag. 17 uur tot de laatste gast vertrekt) gaan de heerlijke tapas en andere gerechtjes vergezeld van een goed glas Spaanse wijn.
Een echt Oud-Berlijns etablissement is **Henne** 6 (Leuschnerdamm 25, tel. 030 614 77 30, henne-berlin.de, di.-za. vanaf 19, zo. vanaf 17 uur). De naam verraadt al wat hier de specialiteit is: voor € 7,90 eet u hier een half kippetje met kool- of aardappelsalade.

Uitgaan

Möbel Olfe 1: Reichenberger Straße 177, tel. 030 61 65 96 12, moebel-olfe. de, di.-zo. vanaf 18 uur.
Würgeengel 2: Dresdener Straße 122, tel. 030 615 55 60, wuergeengel.de, dag. vanaf 19 uur (tot laat).
Babylon Kino 3: Dresdener Straße 126, tel. 030 61 60 96 93, yorck.de/ home. Films met ondertiteling. Op ma. zijn de kaartjes goedkoper.
Bierhimmel 4: Oranienstraße 183, tel. 0176 24 76 86 69, dag. 13-3 uur.
SO 36 5: Oranienstraße 190, tel. 030 61 40 13 06, so36.de.

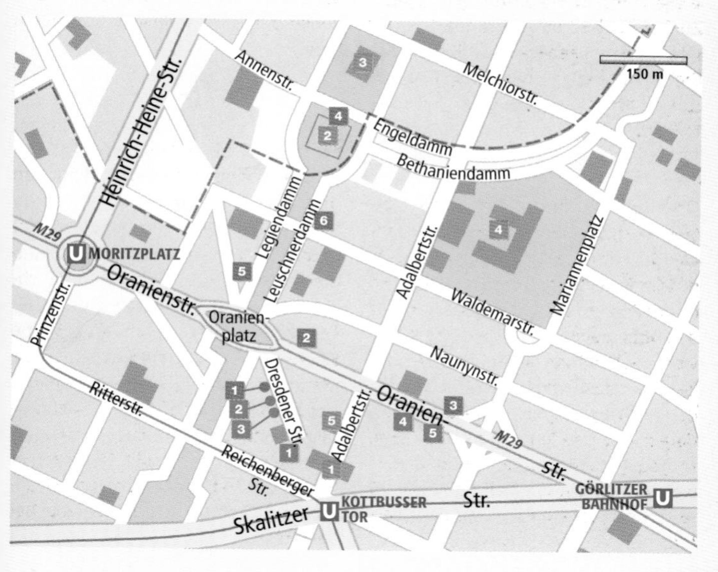

14 Kunst, kroegen, Kreuzkölln – Neukölln!

Kaart: ▶ L-M 7-8
Vervoer: U: Hermannplatz, bus: M29

Neukölln wordt wel eens de Bronx van Berlijn genoemd. Maar een kleine wijk rond de Reuterstraße, de zogeheten Reuterkiez, is een jong, kunstzinnig en cool fenomeen. Hier wordt Neukölln tot de Lower East Side, met bars, galeries en winkeltjes. En overal hebben ware kunstexplosies plaatsgevonden.

De lokale drinkcultuur

Vooral de nieuwe Berlijners noemen deze Reuterkiez Kreuzkölln, omdat de buurt zo dicht bij Kreuzberg ligt. Overigens is iedereen hier zo'n beetje een nieuwe Berlijner. In de kroegen is muziek een verbindende factor en daarom wordt grote waarde gehecht aan de juiste keuze. En inderdaad kan gesteld worden dat de cafés en bars zich vooral door hun muziek onderscheiden. Verder vindt u binnen vaak een keurig interieur, dat uit jarenvijftig- of jarenzestigmeubels, drukke tapijten of muren en merkwaardige accessoires bestaat. De meeste gelegenheden gaan pas 's avonds open.

Nachtvlinders hebben in een klein gebied een keur aan mogelijkheden, zoals **Schilling** 1, **Kuschlowski** 2 met zijn open haard, en **Ä** 3, die allemaal in de Weserstraße te vinden zijn, of de bijzondere en heel jonge **Popo Bar** 4. Dichter bij de oever van de Maybach bevinden zich **Raumfahrer** 5 en de **Kinski Club** 6, die in 2001 de rij opende en tot op de dag van vandaag een vaste waarde is gebleven. Overal kan het tot spontane concerten komen, maar de meeste etablissementen hebben ook een evenementenkalender. Enkele zaken hebben geen naam op de deur, maar u kunt gewoon op het geluid afgaan.

Cultuur à la Kreuzkölln

Wie op kunstreuter.de de kaart aanklikt, zal vaststellen dat er op vrijwel elke hoek wel een galerie, een galerie met café, een bar met een expositieruimte of een ambitieuze kapper met kunst aan de muren te vinden is.

Het kleine, blauwe **Ori-Café** 1 met galerie nodigt mensen tot lezen uit, vertoont films en heeft brede sofa's om heerlijk te ontspannen. Jonge schrijvers vinden hier een podium en een publiek. Galerie **Studio St.St.** 1 biedt niet alleen kunst om aan de muur te hangen, maar organiseert ook lezingen, concerten, optredens en travestietenshows. Hier wordt gewoonweg alles tot kunst verheven.

Klötze und Schinken 2 is een galerie-café dat niet alleen kunst tentoonstelt, maar ook uitstekende chocolademelk maakt. U kunt hier 's ochtends vanaf een uur of elf terecht. **TingDing** 2 is een kledinggalerie. De ontwerpers maken van oude broeken bijvoorbeeld nieuwe, trendy pullovers.

De 'Turkenmarkt'

Aan de oever van de Maybach is Neukölln nog zoals het vroeger was: op de '**Turkenmarkt**' 1, die officieel 'oosterse markt' heet. Maar iedereen heeft het over de 'Turkenmarkt', ook de Turken zelf.

De bazaarambiance is beslist uniek voor Duitsland. Elke dinsdag en vrijdag tussen 11 en 18 uur staan Turkse en andere Zuid-Europese migranten met hun uitgestalde spullen in de straat bij het Landwehrkanal. De handelaars verkopen werkelijk van alles en nog voor een spotprijsje ook: stoffen, fietsaccessoires, huishoudelijke apparaten, bestek, levensmiddelen en ga zo maar door.

De handelstaal is meestal Turks. 'Bu ne Kadar?' betekent 'Hoeveel kost dat?' en 'Bu çok Pahalı!' betekent 'Dat is te duur.' Daarmee zou u zich moeten kunnen redden. Maar Duits wordt natuurlijk ook begrepen.

Informatie

Schilling 1: Weserstraße 9, schillingbar.de, dag. 18-2 uur, meestal langer.
Kuschlowski 2: Weserstraße 202, tel. 0176 24 38 97 01, kuschlowski.de, dag. vanaf 20 uur.
Ä 3: Weserstraße 40, ae-neukoelln.de, dag. vanaf 17 uur.
Popo Bar 4: Tellstraße 8, popobar.de, wisselende openingstijden.
Raumfahrer 5: Hobrechtstraße 54, ma.-za. vanaf 19 uur.
Kinski Club 6: Friedelstraße 28, tel. 030 62 40 91 37, kinskiclub.de, di.-do. 20-1, vr.-za. vanaf 21 uur.
Ori-Café 1: Friedelstraße 8, ori-berlin.de, wo.-zo. vanaf 19 uur.
Studio St.St. 1: Sanderstraße 26, cafe3000.de, di. 16-19, vr.-za. 19-24 uur.
Klötze und Schinken 2: Bürknerstraße 12, tel. 030 26 32 33 49, kloetzeundschinken.de, dag 11-19 uur.

Bazaarambiance – op de 'Turkenmarkt' aan de oever van de Maybach

TingDing 2: Bürknerstraße 11, tingding.de, di.-za. 13-19 uur, maar ook flexibele openingstijden.

Een hapje eten ...

In **Broschek** 3 (Weichselstraße 6, broschek-berlin.de, dag. vanaf 17 uur) kunt u een lekker hapje eten, een praatje met de aardige eigenaar maken en een biologische biertje drinken. Bij het gerenommeerde **Kantina von Hugo** 4 (Friedelstraße 31, tel. 030 87 33 14 23, dag. vanaf 18.30, keuken tot 24 uur) serveert men een meergangenmenu voor een beschaafde prijs. Ook bij **Nansen** 5 (Maybachufer 39, tel. 030 66 30 14 38, restaurant-nansen.de, dag. vanaf 18 uur) kunt u uitgebreid eten voor een acceptabele prijs. En wie acute honger heeft, is bij **Pizza a Pezzi** 6 (Nansenstraße 2, bij de Reuterplatz, pizza-a-pezzi.de, dag. 12-24 uur) aan het juiste adres.

Winkelen

Gebak! Wie plotseling enorme trek krijgt in zoetigheid, wordt bij **Koriat Kuchenmanufaktur** 3 (Pannierstraße 29, koriat.de, dag. 11-19 uur) met open armen ontvangen.

Trendy winkels in heel Duitsland kopen de mode uit Kreuzkölln bij **icke Berlin** 4 (Friedelstraße 35, tel. 030 62 98 99 97, icke-berlin.de). Hier bevindt zich het atelier waar Barbara Kristen de volgende collectie ontwerpt. Het merk 'icke Berlin' staat voor het nieuwe, brutale en grappige Berlijn. Er worden hele productlijnen gemaakt. De luchthaven Tempelhof kunt u bijvoorbeeld op een jurk, een T-shirt, een toilettas, een zijden laken of een schoudertas krijgen.

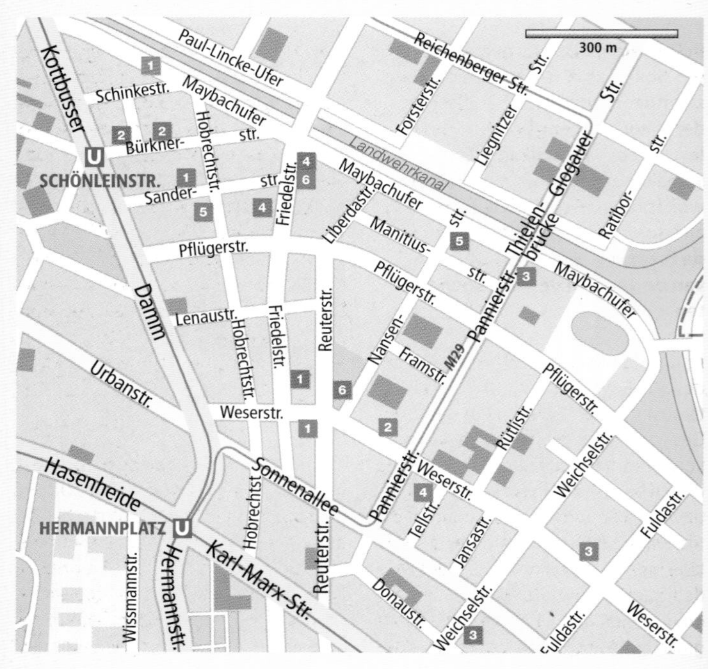

15 Een mooi leven in het oosten – Prenzlauer Berg

Kaart: ▶ K 1
Vervoer: U: Senefelder Platz

In Prenzlauer Berg is een winkel die 'SexyMama' heet en mode voor zwangere vrouwen verkoopt. En dat is kort samengevat hoe het leven er in deze wijk uitziet: smaakvol, elegant, losjes, sexy. De wijk is bijzonder kinderrijk en weet zich tussen de Senefelder Platz en de Sredzkistraße onder de hoede van de god van de kleine geneugten.

Aan de Senefelder Platz bevindt zich de **LPG Biomarkt** 1, waarvan de letters nu voor 'Lecker, Preiswert en Gesund' staan en met een knipoog verwijzen naar de Landwirtschaftliche Produktionsgenossenschaften (collectieve boerderijen) uit de DDR-tijd. In die tijd was de wijk in verval, want met de lage huren konden de huizen niet worden gerenoveerd. Nu wonen hier jonge gezinnen met kinderen, die zichzelf graag op biologische producten trakteren. De studenten die in de tijd na de Wende deze wijk bevolkten, zijn ouder en welgestelder geworden, en de kunstenaars en krakers uit de jaren tachtig moesten vanwege de hoge huren uiteindelijk de handdoek in de ring gooien en zijn vertrokken. Zwartkijkers verwijten Prenzlauer Berg gentrificatie en kleinburgerlijkheid. Maar wat maakt het uit: geniet van de vriendelijke ambiance, drink zo veel koffie als u op kunt en laat u daarna bij **Shiatsu to go** 1 op Sredzkistraße 36 weer in vorm masseren.

Prachtige oude panden

Hoofd omhoog en ogen open! De panden zijn te mooi om er alleen wat in het souterrain te kopen. Als de Wende één of twee jaren later was gekomen, zouden grote delen van Prenzlauer Berg nu uit systeembouw bestaan – de plannen lagen al klaar. Dankzij de hereniging werd de sloop voorkomen,

Overigens: de curryworstenkraam **Konnopke's Imbiss** 10 (Schönhauser Allee 44, onder het spoor) staat er al sinds 1960. In 1930 besloot Max Konnopke worsten te gaan verkopen. De worstenverkopers mochten alleen 's nachts met hun worstketeltje de straat op en hadden nachtbrakers en arbeiders als klant (ma.-vr. 6-20, za. 12-19 uur).

en vandaag de dag is dit het grootste samenhangende stadsdeel uit de *Gründerzeit* (de periode van grote economische bloei aan het einde van de 19e eeuw) van Duitsland. Wie hier woont, is echt niet alleen maar op overleven gericht.

Rond de Kollwitzplatz

De woningen in de **watertoren** 1 zijn zeer in trek, onder andere door het bijbehorende park met de kinderspeelplaats. De toren ziet terug op een bewogen geschiedenis, want tijdens de Tweede Wereldoorlog was dit een bolwerk van de nazi's. Maar de locatie is bijzonder exclusief; u bevindt zich hier midden in de wijk Schönwetter, waar de patisseries, papeteries, wellnesscentra, babykamerwinkels en cafés zich aaneenrijgen.

Alleen al op de hoek Knaackstraße / Rykestraße zitten er zes café-restaurants naast elkaar. De zondagsbrunch bij **Pasternak** 1 verdient speciale vermelding, want die is gezellig, lekker en een beetje anders dan elders. In de **Kost.Bar** 2 serveert men verfijnde gerechten voor een aangename prijs en uitstekende Duitse wijnen van het vat. Deze zaak is overigens gelieerd aan **Café Anna Blume** 3, waar het gebak nog eigenhandig wordt gemaakt.

Op de Kollwitzplatz vindt u naast grote en gevestigde restaurants als het Spaanse **Lafil** 4, **Gugelhof** 5 en het Italiaanse **Belluno** 6 ook nog kiosk **Kollwitz 66** 2. Die was er al voor de Wende.

Ook in de rustige Rykestraße is er zo'n beetje in elk pand wel een winkel voor de verzorging van het huis, het lichaam, de geest of de ziel gevestigd. **Patisserie Albrecht** 7 is – hoe kan het ook anders – naast een chocolaterie gevestigd en verkoopt heerlijk ijs en kleine gebakjes die er helemaal niet zondig uitzien. Een stukje verder serveert Vietnamees restaurant **Si An** 8 uitstekende thee en dito gerechten. De zenachtige tuin voor de deur is een oase van rust voor het door alle luxe vermoeide oog.

De Kastanienallee

Op de Kastanienallee (die in de volksmond 'Castingallee' heet), aan de andere kant van de Schönhauser Allee, bepalen trendy en jong het beeld. De bakkerijen heten hier **Placebo** 3, de kappers **Vokuhila** 2, de kledingwinkels **Eisdieler** 4 en jonge mediawerknemers zitten met een café latte in hippe etablissementen zonder duidelijke naam. En op de binnen- en achterplaatsen verschijnen steeds meer avant-gardistische galeries van heel jonge kunstenaars.

Het volkstoneel heeft een podium in het **Prater** 9, naast de gelijknamige Biergarten die een trefpunt van prominenten is. Misschien verschijnt u zelfs al borrelend op de voorpagina van een krant!

Markt op de Kollwitzplatz

Op zaterdag van 9-16 uur wordt er op de Kollwitzplatz een leuke markt georganiseerd. Er is van alles te koop, zoals specerijen, foto's, boeken, kunstvoorwerpen en oude rommel.

Eten en drinken

Pasternak: Knaackstraße 22/24, tel. 030 441 33 99, restaurant-pasternak.de, ma.-za. 9-1, zo. 10-1 uur.
Kost.Bar: Knaackstraße 24, tel. 030 43 73 55 74, dag. 10-1 uur.
Lafil: Wörther Straße 33, tel. 030 28 59 90 26, lafil.de, ma.-vr. 12-1, za. 10-16 uur tapas, zo. 10-16 uur familiebrunch, en op za. en zo. vanaf 17 uur à la carte.
Gugelhof: Knaackstraße 37, tel. 030 442 92 29, gugelhof.de, ma.-vr. vanaf 16, za., zo. vanaf 10 (ontbijt tot 16 uur).
Belluno Ristorante: Kollwitzstraße 66, tel. 030 441 05 48, dag. 10-1 uur.
Patisserie Albrecht: Rykestraße 39, tel. 030 44 01 72 73, albrechts-patisserie.de, ma.-vr. 9-19 uur.
Si An: Rykestraße 36, tel. 030 40 50 57 75, sian-berlin.de, dag. 12-24 uur, reserveren niet mogelijk.
Prater: Kastanienallee 7-9, tel. 030 448 56 88, pratergarten.de, ma.-za. vanaf 18, zo. vanaf 12 uur, keuken dag. tot 23 uur, Biergarten: apr.-sept. bij mooi weer dag. vanaf 12 uur.

Winkelen

Eisdieler: Kastanienallee 12, eisdieler.de, ma.-za. 12-20 uur.
In tweedehandszaak **Sentimental Journey** 5 (Husemannstraße 5, sentimentaljourney-berlin.de, ma.-za. 12-19 uur) waant u zich op grootmoeders zolder, met hoekjes waar u heerlijk kunt rondsnuffelen.

Lichaamsverzorging

Shiatsu to go: Sredzkistraße 36, tel. 030 43 02 22 82, leibkultur.com, ma.-do. 14-19, vr. 10-20, za. 11-15 en op afspraak, 10 min. € 10. **Vokuhila:** Kastanienallee 16/17, hoek Oderberger Straße, tel. 030 44 34 25 13, kakoii.de/clients/vokuhila, ma., wo., vr. 10-20, di. 10-18, do. 10-22, za. 10-18 uur.

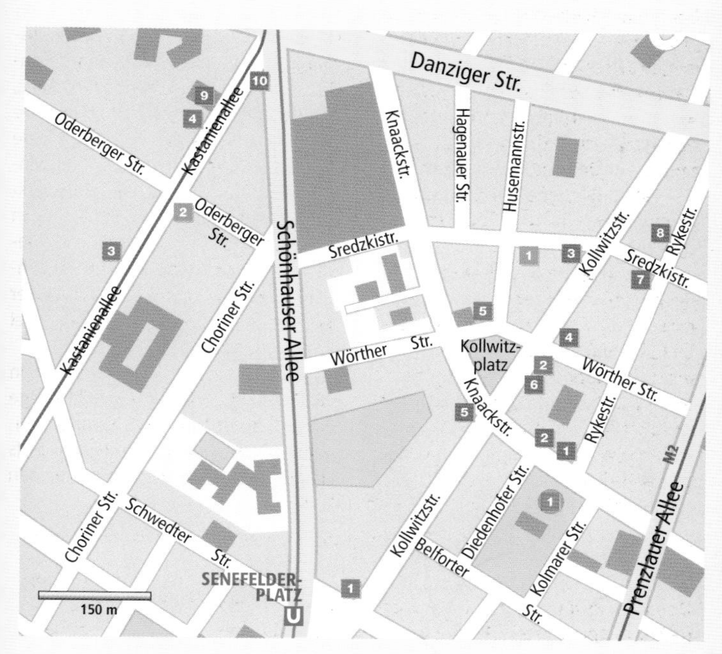

Nog meer Berlijn

Gebouwen en pleinen

Olympiastadion

▶ ten westen van A 4

Olympischer Platz 3, olympiastadion-berlin.de, S/U: Olympiastadion, dag. 9-16, 's zomers tot 19/20 uur, toegang € 4/3, klokkentoren dag. 9-19 uur

Door Werner March ontworpen voor de Olympische Spelen van 1936 en ter gelegenheid van het WK-voetbal van 2006 uitgebreid tot een arena met 75.000 zitplaatsen en een elegant zwevend dak. Vanuit de klokkentoren hebt u een mooi overzicht (glockenturm.de).

Rathaus Schöneberg

▶ ten zuiden van D 8

John-F.-Kennedy-Platz 1, U: Rathaus Schöneberg

Vanuit het Rathaus Schöneberg sprak John F. Kennedy zich onder groot gejuich van een half miljoen Berlijners in 1963 uit voor vrijheid van de stad: 'Ich bin ein Berliner.' Twee jaar na de bouw van de Muur om West-Berlijn kwam dat over als een bevrijding, want de Berlijners lag de confrontatie met de tanks bij Checkpoint Charlie in oktober 1961 nog vers in het geheugen. Het Rathaus Schöneberg was van 1949 tot 1990 de zetel van de burgemeester van West-Berlijn. Nu is het simpelweg weer een districtsstadhuis.

Schloss Charlottenburg ▶ kaart 3

Luisenplatz, Charlottenburg, tel. 030 32 09 11, U: Richard-Wagner-Platz, Sophie-Charlotte-Platz, di.-zo. 10-18 uur, € 10/7; nieuwe vleugel wo.-ma. 10-18 uur, € 6/5, dagkaart € 14/10

Dit kasteel werd vanaf 1695 gebouwd voor de fijnzinnige en ontwikkelde Sophie Charlotte, de vrouw van de latere koning Frederik I. Het is het enige kasteel van de Hohenzollern dat nog in zijn volle barok- en rococoglorie te bewonderen is, althans nadat het in 1945 weer in de oorspronkelijke staat werd opgebouwd. Een rondleiding (elk kwartier) voert u langs de paradezalen van Frederik I, de woonvertrekken van Frederik de Grote en Frederik Willem IV en het porseleinkabinet. In de belvedère vindt u ook nog producten van de Königliche Porzellanmanufaktur.

Schloss Schönhausen

▶ ten noorden van K 1

Tschaikowskistraße 1, Pankow, tel. 0331 969 42 00, spsg.de, U2: Pankow, Osloer Straße, S: Pankow, di.-zo. 10-18 uur, € 6

In 1740 schonk Frederik de Grote dit kasteel aan zijn echtgenote Elisabeth Christine, die er tot aan haar dood in 1797 zou wonen. Haar prachtige rococovertrekken op de begane grond zijn gerestaureerd. De nazi's sloegen hier 'ontaarde kunst' op. Het kasteel was ook de residentie van Wilhelm Pieck, de eerste president van de DDR. Zijn werkkamer is nog behouden. Het prachtig gerestaureerde museum biedt inzicht in dit bewogen verleden.

Sowjetisches Ehrenmal

▶ Kaart 2, F 4

Straße des 17. Juni, U/S: Unter den Linden, bus: 100
In 1945 opgericht monument ter nagedachtenis aan de 80.000 Sovjetsoldaten die tussen 16 april en 2 mei 1945 tijdens de Slag om Berlijn sneuvelden. In totaal kwamen daarbij meer dan 170.000 soldaten om het leven en raakten er 500.000 gewond.

Spandauer Zitadelle

▶ buiten de kaart, zie kaart 5
Am Juliusturm, Spandau, zitadelle-spandau.de, U7: Zitadelle, dag. 10-17 uur, toegang € 4,50/2,50
Met de bouw van dit enorme complex werd al in de 7e eeuw begonnen. De gekanteelde Juliusturm fungeerde als schuilplaats, gevangenis en opslagplaats van goud.

Musea en monumenten

Alliierten Museum

▶ buiten de kaart
Clayallee 135 / Hüttenweg, Dahlem, tel. 030 818 19 90, alliiertenmuseum.de, U3: Oskar-Helene-Heim, do.-di. 10–18 uur, toegang gratis
In dit museum tegenover het voormalige Amerikaanse hoofdkwartier wordt de geschiedenis van de westerse krijgsmachten en van Berlijn uit de doeken gedaan, van 1945 tot de aftocht van de geallieerden in 1994. Hoogtepunten zijn het wachthuisje van Checkpoint Charlie, de geschiedenis van de luchtbrug, satellietbeelden van de CIA uit 1956 van Russische en Oost-Duitse militaire bases rond Berlijn en een afluistertunnel.

Bauhaus-Archiv ▶ D 5

Klingelhöferstraße 14, Tiergarten, tel. 030 25 40 02 78, bauhaus.de, smb.museum, bus: 100, 106, 187, M29, wo.-ma. 10-17 uur, € 6-7/3-4
Bauhausdesign uit de periode 1919 tot 1933 in een gebouw naar een ontwerp van Walter Gropius. De omvangrijkste Bauhaus-collectie ter wereld biedt inzicht in alle leervakken op deze school, zoals architectuur, meubilair, aardewerk, metalen voorwerpen en foto's, en ook werken van de beroemde leraren Walter Gropius, Johannes Itten, Paul Klee, Lyonel Feininger, Wassily Kandinsky, Josef Albers, Oskar Schlemmer, László Moholy-Nagy en Ludwig Mies van der Rohe.

Kreuzberg 36 en 61

Kreuzberg zit weer in de lift. Rond de **Bergmannstraße** (▶ H-J 8) is zich een nieuwe kunstenaarsscene aan het settelen, er wordt gerestaureerd, de kroegen lopen goed en leren kopen hier hele huizenrijen op. De Bergmannstraße is ook onder toeristen populair vanwege de restaurants, de winkels en de oude, opgekalefaterde Marheineke-Markthalle. Winkels van ketens vindt u hier vrijwel niet, Kreuzberg is een plek voor individualisten.
Kreuzberg was een bolwerk van de West-Berlijnse tegencultuur en is nu een wijk waarop de Turkse bevolking van de stad een groot stempel drukt. Dat geldt vooral voor het voormalige postdistrict 'Südost 36' (SO 36), de buurt rond de **Kottbusser Tor** ('Kotti', ▶ K 6/7). In de omgeving van de Oranienstraße (zie blz. 65) kunt u zich onderdompelen in een typisch Kreuzbergse ambiance. Aan de **Südstern** en in de **Yorck- en Gneisenaustraße,** het gedeelte van de wijk dat Kreuzberg 61 wordt genoemd, hebben zich daarentegen de 'rijper' geworden linkse stemmers gevestigd (▶ G-J 7-8).

Tips voor een bezoek aan de Berlijnse musea

Berlijn heeft als enige Europese stad meer musea (ruim 170) dan regendagen. De rijksmusea worden jaarlijks door 3,2 miljoen mensen bezocht. Koploper is het **Pergamonmuseum** (zie blz. 36) met bijna 1 miljoen bezoekers, op de voet gevolgd door het **Alte Museum** (zie blz. 35). Er zijn twee grote verzamelplaatsen van musea in Berlijn:
Museumsinsel: ▶ kaart 2, H-J 3. Hier bevinden zich het Alte Museum, het Neue Museum, de Alte Nationalgalerie, het Pergamonmuseum en het Bodemuseum. Een beschrijving van de musea vindt u op blz. 34.
Kulturforum: ▶ E-F 5. De Neue Nationalgalerie, de Gemäldegalerie en het Kunstgewerbemuseum. Een beschrijving vindt u op blz. 52.
Combitickets: Met een combiticket voor de 'Staatlichen Museen zu Berlin – Preußischer Kulturbesitz' (SMPK) kunt u diverse musea op dezelfde dag bezoeken (€ 12/8/6). Met het driedaagse ticket '**SchauLUST-MuseenBERLIN**', dat in de musea te koop is, kunt u voor € 19 (met korting € 9,50) op drie opeenvolgende dagen vele Berlijnse musea en collecties bezoeken. Welke dat zijn staat in de folder die u bij uw toegangskaartje krijgt – in totaal zijn het er bijna zestig.
Informatie over de musea van Berlijn: rijksmusea (ook voor rondleidingen), tel. 030 266 42 42 42, smb.museum; stedelijke musea: stadtmuseum.de; informatie over alle musea en actuele tentoonstellingen: tel. 24 74 98 88 en kulturprojekte-berlin.de.
Informatie over de monumenten: stadtentwicklung.berlin.de/denkmal.

Berlinische Galerie ▶ H 6

Alte Jakobstraße 124-128, Kreuzberg, tel. 030 78 90 26 00, berlinische galerie.de, U1: Hallesches Tor, U6: Kochstraße, U8: Moritzplatz, wo.-ma. 10-18 uur, toegang € 6/3
Berlijnse kunst van 1870 tot heden: schilderkunst, grafiek, beeldhouwkunst, videokunst, fotografie, architectuur. Café en winkel. Dit alles in een verbouwde opslagplaats van glas – de origineelste kunstverzameling van Berlijn.

Brecht-Haus ▶ G 2

Chausseestraße 125, Mitte, tel. 030 283 05 70 44, lfbrecht.de, U: Oranienburger Tor, alleen met rondleiding, di. 10-11.30 en 14-15.30, wo. en vr. 10-11.30, do. 10-11.30 en 17-18.30, za. 10-15.30 elk halfuur, zo. 11-18 uur elk uur, toegang € 5/2,50
De woon- en werkruimten van (toneel-)schrijver Bertolt Brecht en zijn vrouw Helene Weigel, met veel persoonlijke documenten van beiden.

Brücke-Museum

▶ buiten de kaart

Bussardsteig 9, Dahlem, tel. 030 831 20 29, bruecke-museum.de, bus: 115, dag. behalve di. 11-17 uur, € 5
De expressionistische kunstenaarsgroep 'Die Brücke' werd in 1905 door vier studenten in Dresden opgericht: Ernst Ludwig Kirchner, Fritz Bleyl, Erich Heckel en Karl Schmidt-Rottluff. Het museum heeft met vierhonderd schilderijen de grootste 'Brücke'-collectie ter wereld.

DDR-Museum ▶ kaart 2, J 3

Karl-Liebknecht-Straße 1, Mitte, tel. 030 847 12 37 31, ddr-museum.de, S:

Hackescher Markt, bus: 100, 200, dag. 10-20, za. tot 22 uur, € 5,50/3,50
Klein particulier museum dat een beeld schetst van het dagelijkse leven in de DDR. Voor een beter begrip is een rondleiding beslist aan te bevelen.

Deutsches Technikmuseum

▶ F/G 7

Trebbiner Straße 9, Kreuzberg, tel. 030 90 25 40, dtmb.de, U: Möckernbrücke, Gleisdreieck, di.-vr. 9-17.30, za., zo. 10-18 uur, toegang € 4,50/2,50
Dit doe-museum is voor alle leeftijden: de ontwikkeling van het verkeer, van druk-, communicatie- en datatechniek en van productie- en huishoudtechniek. Verder vindt u hier behalve een groot aantal vliegtuigmodellen ook nog de nagebouwde Z 1 van Konrad Zuse, de uitvinder van de computer.

Gedenkstätte Deutscher Widerstand ▶ E 5

Stauffenbergstraße 13-14, Tiergarten, tel. 030 26 99 50 00, gdw-berlin.de, U: Potsdamer Platz, bus: M29, 200, ma.-wo. en vr. 9-18, do. 9-20, za.-zo. 10-18 uur, toegang gratis, rondleiding vanaf tien personen (na aanmelding), zo. om 15 uur voor iedereen
Informatie over het verzet tegen het nationaalsocialisme en gedenkplaats voor de slachtoffers van de mislukte aanslag op Hitler op 20 juli 1944.

Gedenkstätte Hohenschönhausen ▶ ten noordoosten van M 1, kaart 5

Genslerstraße 66, Hohenschönhausen, tel. 030 98 60 82 30, stiftung-hsh.de, bus: 256, tram: 21, M5, M8, alleen rondleidingen: ma.-vr. 11, 13, 15, za., zo. 10-16 uur elk uur, toegang € 5/2,50
Het centrum van communistische onderdrukking in Oost-Duitsland, de onderzoeksgevangenis van de Staatssicherheitsdienst (Stasi). De beste plek om meer te weten te komen over het onrechtvaardige DDR-regime en enig inzicht te krijgen in de werkwijze van de Stasi.

Haus der Wannsee-Konferenz

▶ buiten de kaart, zie kaart 5

Am Großen Wannsee 56-58, Zehlendorf, tel. 030 80 50 01-0, ghwk.de, bus 114 vanaf S Wannsee, dag. 10-18 uur, toegang gratis
In deze villa aan de Wannsee besloten vertegenwoordigers van de SS en van Hitlers ministeries tijdens de zogeheten Wannseeconferentie op 20 januari 1942 tot de uitroeiing van de joden. Een verbijsterend verslag van de volkerenmoord op de joden.

Jüdisches Museum ▶ H 6

Lindenstraße 9-14, Kreuzberg, tel. 030 25 99 33 00, jmberlin.de, U: Hallesches Tor, Kochstraße, dag. 10-20, ma. tot 22 uur behalve op Rosj Hasjana, Jom Kipoer en 24 dec., € 5/2,50
Aan de hand van getuigenissen, documenten en alledaagse voorwerpen worden hier de hoogte- en dieptepun-

Veel bezoekers van Berlijn vragen zich af waar de **bunker van Hitler** heeft gestaan. Die stond achter de prefabgebouwen aan de Wilhelmstraße, in de richting van de Ebertstraße. In 1999 werden bij werkzaamheden weliswaar delen van de bunker blootgelegd, maar vervolgens weer met aarde bedekt, mede vanwege de nabijheid van het **Holocaust-monument** (▶ kaart 2, G 4, zie blz. 33). Op een informatiebord in de Voßstraße, hoek Gertrud-Kolmar-Straße, staat de exacte locatie van de bunker.

Het Jüdische Museum is ook een hoogtepunt van hedendaagse architectuur

ten van de Duits-joodse geschiedenis belicht, van de Romeinse tijd tot de dag van vandaag. Het met grijs zink beklede, bijna vensterloze zigzaggebouw naar een ontwerp van de Amerikaanse architect Daniel Libeskind symboliseert een verbrokkelde davidster. Het barokke Collegienhaus met de museumwinkel ernaast vormt daarmee een scherp contrast.

Märkisches Museum

▶ kaart 2, K 4

Am Köllnischen Park 5, Mitte, stadtmuseum.de, U: Märkisches Museum, S: Jannowitzbrücke, do.-di. 10-18, wo. 12-20 uur, toegang € 5/3, eerste wo. van de maand toegang gratis

Hier presenteert Berlijn zich! Actuele en permanente tentoonstelling met schatten uit de collectie van het Stadtmuseum, die tot een soort virtuele wandeling door de Berlijnse wijken Tiergarten, Moabit, Charlottenburg, Wilmersdorf en Friedrichshain uitnodigen.

Martin-Gropius-Bau

▶ kaart 2, G 5

Niederkirchnerstraße 7, Kreuzberg, gropiusbau.de, U/S: Potsdamer Platz, S: Anhalter Bahnhof, U: Kochstraße, dag. 10-20 uur, toegang afhankelijk van de tentoonstelling, geen combiticket

De Martin-Gropius-Bau is in Helleensrenaissancistische stijl gebouwd (1877-1881), naar een ontwerp van de architecten Martin Gropius en Heino Schmieden. Oorspronkelijk deed het gebouw dienst als kunstnijverheidsmuseum, maar tegenwoordig wordt het gebruikt voor bijzondere exposities. Pal ertegenover bevindt zich het Abgeordnetenhaus (parlementsgebouw) van Berlijn, de voormalige Pruisische landdag.

Mauermuseum am Checkpoint Charlie ▶ kaart 2, H 5

Friedrichstraße / Zimmerstraße, Kreuzberg, tel. 030 253 72 50, mauermuseum.com, U: Kochstraße, bus: M29, dag. 9-22 uur, toegang € 12,50/9,50

Bij de voormalige grensovergang van de geallieerden zijn de aangrijpende geschiedenis van de Duitse tweedeling, de vluchtpogingen van oost naar west en de hereniging op indringende wijze gedocumenteerd. Voor het museum staat een reproductie van het eerste wachthuisje bij het controlepunt. Een openluchtgalerie verhaalt uitvoerig over de geschiedenis van Checkpoint Charlie.

Meilenwerk – Forum für Fahrkultur ▶ buiten de kaart

Wiebestraße 36/37, Tiergarten, meilenwerk.de, U: Beusselstraße, ma.-za. 8-20, zo. vanaf 10 uur, toegang gratis

Het ziet eruit als een museum, maar is een ontmoetingsplaats van professionele handelaars, deskundige liefhebbers van oldtimers en ervaren sleutelaars en restaurateurs – een walhalla voor wie gek is op auto's en techniek. Modelauto's, onderhoudsmiddelen, stoffeerders, experts, het is werkelijk te veel om op te noemen.

Museum Berggruen ▶ kaart 3

Schlossstraße 1, Charlottenburg, tel. 030 34 35 73 15, smb.museum, U: Sophie-Charlotte-Platz, bus: 309, M45, di.-zo. 10-18 uur, toegang € 8/4

Tegenover Schloss Charlottenburg vindt u een van de kostbaarste privékunstcollecties ter wereld: de verzameling van Heinz Berggruen, die in 1914 in Berlijn werd geboren, in 1936 als jood naar Amerika moest emigreren, in 2007 in Parijs overleed en in Berlijn zijn laatste rustplaats vond. Zijn collectie met werken van Picasso, Braque, Matisse en Klee, maar ook met Afrikaanse kunst vertrouwde Berggruen in 2000 toe aan de stichting Preußischer Kulturbesitz. Picasso is met meer dan honderd wer-

Overblijfselen van de Muur

Gedurende 28 jaar was de 155 km lange en 3,60 m hoge Muur het macabere visitekaartje van de stad en het symbool van de Duitse tweedeling. Alleen een dubbele rij kinderkopjes en enkele brokstukken herinneren nog aan dat verleden. Er zijn nog wat overblijfselen op de hoek Zimmerstraße / Charlottenstraße bij **Checkpoint Charlie** (zie hierboven) en in de **Niederkirchner Straße** bij de Topographie des Terrors (zie blz. 82).
De **Mauergedenkstätte in de Bernauer Straße** (▶ H 1, U8: Bernauer Straße) laat nog wat van de grauwheid van de Muur zien, een stuk verder naar het noordoosten maken jonge mensen in het **Mauerpark** (▶ ten noorden van H 1, U8: Bernauer Straße, U2: Eberswalder Straße) tussen beschilderde muurrestanten plezier. Op zondag is er hier een enorme vlooienmarkt en regelmatig worden karaokewedstrijden in de openlucht gehouden.
De **East Side Gallery** (▶ M 5) in de Mühlenstraße werd na de val van de Muur door internationale kunstenaars bewerkt (zie blz. 60).
De loop van de Berlijnse Muur is op de kaart met een stippellijn aangegeven. Met de fiets kunt u de denkbeeldige Muur volgen, van Checkpoint Charlie via de Brandenburger Tor tot aan de Mauergedenkstätte of nog wat verder naar het Mauerpark. Dan krijgt u een idee wat de deling voor de stad betekende.

ken het best vertegenwoordigd, van een tekening uit zijn studententijd (1897) tot werken uit 1972, een jaar voor de kunstenaar overleed.

Museum für Asiatische Kunst

▶ buiten de kaart

Lansstraße 8, Dahlem, tel. 030 830 14 38, smb.museum, U: Dahlem-Dorf, di.-vr. 10-18, za., zo. 11-18 uur, toegang € 6/3

Kunstvoorwerpen uit de bloeitijd van Pakistan, Afghanistan, Sri Lanka, Nepal, Tibet, India en Zuidoost- en Centraal-Azië. Hoog artistiek niveau.

Museum für Fotografie – Helmut Newton Stiftung ▶ B 5

Jebensstraße 2, Charlottenburg, tel. 030 31 86 48 25, U/S/bus: Bahnhof Zoo, di.-zo. 10-18, do. tot 22 uur, toegang € 8/4

De wereldberoemde fotoverzameling van Helmut Newton, die hij kort voor zijn dood aan de stichting Preußischer Kulturbesitz in bruikleen gaf, omvat honderdduizenden negatieven en duizend hoogwaardige afdrukken. In dit gebouw is ook het Museum für Fotografie gevestigd.

Museum für Gegenwart im Hamburger Bahnhof ▶ F 2

Invalidenstraße 50/51, Tiergarten, tel. 030 39 78 340, smb.museum, S: Hauptbahnhof, di.-vr. 10-18, za. 11-20, zo. 11-18 uur, toegang ca. € 10/5

Het oudste stationsgebouw van Berlijn (1847) werd verbouwd en uitgebreid om dienst te doen als riante expositieruimte voor de hedendaagse kunst van de Nationalgalerie. U vindt hier werken van 1960 tot heden, van Beuys, Warhol, Kiefer, Rauschenberg, Liechtenstein, Twombly en Sigmar Polke en andere gerenommeerde kunstenaars. Ook videokunst (van ene Nam June Paik) en installatiekunst worden niet vergeten. Er zijn regelmatig tijdelijke tentoonstellingen.

Museum für Naturkunde ▶ G 2

Invalidenstraße 43, Mitte, tel. 030 20 93 85 91, naturkundemuseum-berlin.de, U: Naturkundemuseum, S: Nordbahnhof, di.-vr. 9.30-18, za.-zo. 10-18 uur, toegang € 5/3,50

De collectie van het museum belicht het ontstaan van het leven. Uitgebreide informatie over het ontstaan van de aarde, de levende wezens en de planten. De 13,27 m hoge *Brachiosaurus brancai* is de grootste 'museosaurus' ter wereld.

Sachsenhausen

Oranienburg, Straße der Nationen 22, tel. 03301 20 02 00, gedenkstaette-sachsenhausen.de, S1: Oranienburg (vanaf de Friedrichstraße om de 20 min., reistijd drie kwartier), RE 5 vanaf Hauptbahnhof richting Stralsund / Rostock tot Oranienburg (eens per uur, reistijd 25 min.), 20 min. lopen, di.-zo. 8.30-18, 's winters tot 16.30 uur, toegang gratis

Het concentratiekamp Sachsenhausen was van 1933 tot 1945 een opleidings- en modelkamp van de nazi's. Tienduizenden politieke tegenstanders en mensen die vanwege ras- of biologische eigenschappen als minderwaardig werden beschouwd, kwamen hier door honger, ziekten, dwangarbeid en mishandelingen om het leven of werden het slachtoffer van systematische vernietiging door de SS. Van 1945 tot 1950 was Sachsenhausen een gevangenenkamp van de Russen, waar functionarissen van het naziregime, maar ook veel willekeurig gevangengenomen mensen geïnterneerd waren. In de DDR-tijd diende het voormalige kamp tussen 1961 en 1990 als herinnering aan de 'overwinning van het antifascisme op het fascisme'. Sinds

Een historisch gebouw met hedendaagse kunst – het Hamburger Bahnhof uit 1847

1993 zijn de originele gebouwen en de andere overblijfselen van het concentratiekamp als gedenkplaats en museum ingericht.

Stasi-expositie ▶ kaart 2, G 4

Zimmerstraße 90/91, Mitte, tel. 030 23 24 79 51, bstu.de, U: Kochstraße, ma.-za. 10-18 uur, toegang gratis
Hier kunt u zien hoe de geheime dienst van de DDR werkte: observeren, schaduwen, ondermijnen, initmideren, verraden, tot meewerken dwingen. Op de website staat ook algemene informatie over de DDR. In 2012 wordt de expositie waarschijnlijk naar een ander pand verhuisd.

Stasi-Museum ▶ buiten de kaart

Ruschestraße 103, huis 1, Lichtenberg, tel. 030 553 68 54, stasimuseum.de, U: Magdalenenstraße, bus: 240, ma.-vr. 11-18, za., zo. 14-18 uur, toegang € 4/3,50, wegens renovatie tot eind 2011 in huis 22 ertegenover
In het vroegere hoofdbureau van de Stasi ziet u het kantoor van Erich Mielke, de DDR-minister van Staatsveiligheid, krijgt u inzicht in de observatietechnieken, leest u berichten van de slachtoffers en vindt u documentatie over het verzet in de DDR.

The Story of Berlin ▶ B 6

Kurfürstendamm 207-208, in de Ku'damm-Karree, Charlottenburg, tel. 030 88 72 01 00, story-of-berlin.de, U: Uhlandstraße, bus: 109, 110, M19, dag. 10-20 uur, toegang € 10/5
De stadia van de Berlijnse geschiedenis in een groots opgezette, multimediale tentoonstelling die zich over verscheidene verdiepingen uitstrekt. De Ku'damm-Karree staat op het punt te worden verbouwd, dus informeer vooraf of de expositie verhuisd is.

Berlijn van boven

In de gondel van een **ballon** die aan een stalen draad vastzit, kijkt u van een hoogte van 150 m over Berlin-Mitte en hebt u onder andere uitzicht op het Regierungsviertel (Welt-Hi-Flyer, Zimmerstraße, hoek Wilhelmstraße, tel. 030 226 67 88 11, U: Mohrenstraße, voorbereiding en vlucht 15 min., € 19). Vanaf het uitkijkplatform in de bakstenen **Kollhoff-Tower** aan de Potsdamer Platz kijkt u van een hoogte van 92 m over Tiergarten naar de Reichstag (€ 6,50, zie blz. 53). Nog hoger is de **Fernsehturm** op de Alexanderplatz (€ 10,50), vanwaar u over het oosten van de stad uitkijkt (zie blz. 42). Vanaf de **Französische Dom** (zie blz. 46) hebt u een prachtig uitzicht op de Gendarmenmarkt (40 m, geen lift, € 2,50). De blik op het westen is het mooist vanaf de **Funkturm** op het beursterrein (€ 4).

Topographie des Terrors

▶ kaart 2, G 5

Niederkirchnerstraße 8, Kreuzberg, tel. 030 254 50 90, topographie.de, S: Anhalter Bahnhof, S: Potsdamer Platz, dag. 10-20 uur, toegang gratis

Een tentoonstelling over de Gestapo, de SS en het Reichssicherheitshauptamt aan de Wilhelmstraße en de (voormalige) Prinz-Albrecht-Straße, op het terrein van het vroegere hoofdkwartier van de Gestapo. Een wandeling over het terrein voert u langs de blootgelegde resten van de gebouwen naar vijftien informatiepunten. Borden en een audioguide geven een overzicht van het schrikbewind van de nazi's.

Parken en tuinen

Botanische tuin

▶ buiten de kaart

Königin-Luise-Straße 6, Steglitz, tel. 83 85 01 00, botanischer-garten-berlin.de, S: Botanischer Garten, U: Dahlem-Dorf, bus: 101, 148, 183, mei.-juni dag. 9-21 uur, anders 10-18 uur, toegang € 6/3

In hun zoektocht naar het paradijs trokken botanici uit Berlijn naar de Nieuwe Wereld (Alexander von Humboldt), de aarde rond (Adelbert von Chamisso) en naar het hart van Afrika (Georg Schweinfurth). Wat ze van die reizen aan zaden en planten meenamen, is nog altijd te zien in een van de meest diverse en grootste botanische tuinen ter wereld (22.000 planten op 43 ha), die naar een ontwerp van Peter Joseph Lenné is vormgegeven. In het Botanische Museum zijn de eigenaardigste exemplaren te bewonderen, en ook in de achttien kassen is een keur aan planten tentoongesteld.

Tiergarten ▶ C-F 4

Het grootste stadspark van Berlijn strekt zich uit van de Brandenburger Tor tot aan de Zoo (zie blz. 54)

Tierpark Friedrichsfelde

▶ buiten de kaart, kaart 5

Am Tierpark 125, Friedrichsfelde, tel. 030 51 53 10, tierpark-berlin.de, U5: Friedrichsfelde, 's winters 9-16, 's zomers tot 18, anders tot 17 uur, € 11/8

Het enorme, landschappelijk aangelegde Tierpark Friedrichsfelde met het gelijknamige kasteel is een heerlijk toevluchtsoord. In de 160 ha grote dierentuin zijn ongeveer negenduizend dieren uit vijf continenten te vinden. Op de uitgestrekte terreinen lopen kamelen, dromedarissen, lama's, waterbuffels, oerossen, wisenten en bizons vrij rond.

De Wannsee en omgeving: Villa Liebermann, Pfaueninsel, Schloss Glienecke ▶ kaart 5

Villa Liebermann: S1, S7: Wannsee, daarna bus 114, apr.-okt. wo.-ma. 10-18, do. tot 20 uur, € 6/4
Pfaueninsel: S: Wannsee, daarna bus 218 naar de veerboot, mei-aug. dag. 8-21, apr., sept. 9-19, mrt., okt. 9-18 uur, € 2/1
Schloss Glienicke: Königstraße 36, Zehlendorf, S: Wannsee, daarna bus 316

Vooral in de zomermaanden is de Wannsee een populair toevluchtsoord van de Berlijners. Het glinsterende water is dan in trek, maar bovendien nodigen historische villa's met uitzicht op het meer, kastelen en parken uit tot verkenningstochten rond het meer. Het huis en de tuin van de **Villa Liebermann** aan de Wannsee werden door monumentenzorg en een vereniging prachtig gerestaureerd. Hier woonde schilder Max Liebermann, wiens atelier zich aan de Pariser Platz bevond (zie blz. 31).

Een huis aan het meer leek ook koning Frederik Willem II – 'dikke Willem' (regeerperiode 1786-1797) – wel wat. Niet voor zichzelf, maar voor zijn geliefde, met wie hij vijf kinderen had. Het **kasteel op het Pfaueninsel** is voornamelijk façade en staat u van veraf al toe te stralen. De veerboot zet u over naar het prachtige park, waar ook vandaag de dag nog pauwen parmantig rondstappen.

In het **park van Schloss Glienicke** (naast de beroemde brug waar tijdens de Koude Oorlog spionnen werden uitgewisseld) kunt u mandarijnen plukken. Ze zijn verrassend zoet. Het kasteel is een ontwerp van Schinkel, het park is door Lenné ingericht: samen zijn ze een toonbeeld van Pruisisch classicisme. In het Hofgärtnermuseum vindt u biografieën en tuinontwerpen.

De veel bezongen Wannsee is van oudsher een populair toevluchtsoord aan de rand van de stad

Excursie naar Potsdam

Als de kreet 'Mannen maken geschiedenis' ergens juist is, dan is dat wel in Brandenburg-Pruisen. De keurvorsten en later de koningen hebben hier duidelijke sporen achtergelaten met hun 'scheppingsdrang', hun potsierlijke eigenaardigheden en hun architectuur. Een voortdurende economische impuls in combinatie met religieuze tolerantie deden in de mark een Pruisisch Arcadië ontstaan, waar in de loop van zeven generaties de bouwwerken van Potsdam verrezen.

De stad ▶ kaart 4

Frederik Willem I (die van 1713 tot 1740 regeerde), de soldatenkoning die nooit oorlog voerde, maar wel de elitetroepen van de 'Lange Kerls' stichtte, liet voor immigranten het **Holländische Viertel** bouwen. De wijk is nu mooi gerestaureerd en biedt talloze winkels en cafés. Frederiks grootmoeder Louise Henriette was een Oranje en zijn grootvader Frederik Willem, de grote keurvorst, had de hugenoten asiel verleend.

De nederzetting **Alexandrowka** (ten noorden van de Nauener Tor) werd onder Frederik Willem III (die van 1797 tot 1840 koning was) gebouwd, op initiatief van zijn dochter, de Russische tsarina Alexandra. Het ziet er hier nog steeds uit als een Russisch dorp. De prachtig gerestaureerde Alexander-Newski-kapel wordt door de Russisch-orthodoxe gemeente gebruikt.

De 'moskee' aan de Neustädter Havelbucht is niet meer dan een fantasierijk omhulsel van het **pompstation**.

Geëngageerde burgers voeren actie om het in 1960 gesloopte kasteel te herbouwen. De ingang, het kleurrijke **Fortunaportal**, is al gereconstrueerd, inclusief Fortuna.

Potsdam is tegenwoordig een populair woonoord van veel bekende Duitsers. Wie thuis is in de Duitse celebritywereld kan vooral rond de **Heiligen See** zijn hart ophalen, want dat is met bewoners als Friede Springer, Nadja Auermann, Wolfgang Joop, Günther Jauch en Ulrich Meyer het 'Beverly Hills van Potsdam'.

Sanssouci

Frederik II, de Grote (die van 1740 tot 1786 koning was), en zijn achterachterneef Frederik Willem IV (koning van 1840 tot 1861) hebben hun stempel op de omgeving van Sanssouci gedrukt. De kastelen en parken werden door Unesco op de werelderfgoedlijst geplaatst. Frederik de Grote bouwde Schloss Sanssouci, de Ruinenberg, de Neue Kammern, de Bildergalerie, het Neue Palais en de Belvedere. Frederik Willem IV, de 'romanticus op de troon' die liever architect was geworden, voegde er het Schloss Charlottenhof, de Römischen Bäder, de Orangerie en de Friedenskirche aan toe.

Schloss Sanssouci

Frederik de Grote wilde buiten zijn residentie in Berlijn een oord om zich te bezinnen en te filosoferen. In Sanssouci, waar hij ook Voltaire ontmoette, bracht hij zijn laatste levensjaren door. Het kasteel (1745-1747), dat door zijn jeugdvriend Knobelsdorff is ontworpen, moest in rococostijl worden gebouwd, maar toch relatief eenvoudig blijven: gelijkvloers, licht en vol levensvreugde, omgeven met tuinen vol druiven, vijgen en citroenen. In de Marmorsaal werd aan tafel met de gasten gediscussieerd. Tegen de avond trok Frederik zich met zijn dwarsfluit en de hofkapel in de concertkamer terug – hij was een uitstekend musicus en componist. Vanuit de ronde bibliotheek keek hij uit over zijn toekomstige begraafplaats, waar hij definitief *sans souci* (zonder zorgen) zou zijn.

Ruinenberg

De 'omgevallen' zuilen (1748) die vanuit de tuin van het kasteel zichtbaar zijn, waren niet meer dan een romantische modegril, net als het later gebouwde Chinesische Haus (1754-1757).

Bildergalerie

Wie vaststelt dat er hier 'mooie, grote schilderijen' hangen, jaagt de persdienst van Sanssouci in de gordijnen. Toch waren dat de belangrijkste criteria van Frederik de Grote om tot aanschaf over te gaan.

Het Neue Palais

Met zijn neiging tot ironie – en zelfspot – noemde Frederik de Grote dit gastenhuis (1764-1765) een fanfaronnade, opschepperij. De driehonderd kamers moesten de wereld wijsmaken dat Pruisen na de Zevenjarige Oorlog nog geld genoeg had.

De tegenovergelegen 'communs' (bijgebouwen) zijn pure façade; ze worden tegenwoordig door de universiteit gebruikt.

Belvedere

De als laatste gebouwde Belvedere (1770) deed zo nu en dan dienst bij ont-

Naast Schloss Sanssouci staat de Orangerie, een droompaleis van Frederik Willem IV

vangsten, hoewel het gebouw eigenlijk een uitkijktoren was.

De Neue Kammern

Opdat zijn gasten Frederik de Grote niet te dicht op de huid zouden zitten, werd de voormalige Orangerie (1747) tot gastenverblijf verbouwd: de Neue Kammern (1771-1774).

Schloss Charlottenhof

Alle grote bouwmeesters van Pruisen waren betrokken bij de bouw van Schloss Charlottenhof (1826-1829): Schinkel leverde het ontwerp, dat geïnspireerd was op de Villa Albani in Rome, Persius, een leerling van Schinkel, bouwde het kasteel en Lenné was verantwoordelijk voor het park van het zomerverblijf.

De Römische Bäder

Frederik Willem IV tekende zelf ook talloze ontwerpen (1829-1840), die Schinkel en Persius uitwerkten. Zo ontstond een koninklijke biljartzaal met arcaden en een nooit gebruikt Romeins badhuis.

De Friedenskirche

Achter de Brandenburger Tor (1779), aan het einde van de autovrije Brandenburger Straße, ligt het park met de Friedenskirche (1845). In de kerk bevinden zich de sarcofagen van Frederik Willem IV en zijn vrouw, die naar hun wens met de hoofdeinden aan elkaar gelast zijn.

De Orangerie

Opnieuw geïnspireerd door voorbeelden uit boeken stelde Frederik Willem IV in 1851 een droompaleis samen om zijn zuster Charlotte en haar man tsaar Nicolaas te verrassen.

Krongut Bornstedt

Ribbeckstraße 6, Potsdam-Bornstedt, krongut-bornstedt.de, dag. vanaf 10 uur, toegang van het terrein gratis
Het Krongut Bornstedt, achter de Orangerie, is tegenwoordig een cultureel en evenementencentrum. De Britse prinses Vicky, de dochter van koningin Victoria en prins Albert von Sachsen-Coburg und Gotha, woonde hier met Frederik III, die in 1888 gedurende 99 dagen keizer was.

Een Berlijnse zakenman heeft het Krongut gekocht en tot vrijetijdscentrum verbouwd. In de DDR-tijd was het complex vervallen en werd het voor landbouwdoeleinden gebruikt, maar

Informatie

Bezoekerscentrum: bij de historische molen, tel. 0331 969 42 02.
Openingstijden: meestal 10-16/17 uur, kastelen: wisselend, zie sanssouci.de of bel tel. 0331 969 42 00.
Ter bescherming van dit werelderfgoed van Unesco is de toegang tot Schloß Sanssouci beperkt. U kunt zich daarom het beste bij aankomst voor een **rondleiding** aanmelden en in de tussentijd het park bezichtigen.
Toegang: dagkaart voor alle kastelen € 19/14 (alleen in de zomer de moeite waard, in de winter kunt u beter aparte kaartjes kopen).
Bereikbaarheid: vanuit Berlijn met S7/S1 of met een regionale trein (vanaf het Ostbahnhof, station Alexanderplatz of het Hauptbahnhof) naar Potsdam-Hauptbahnhof. Met een kaartje voor de tariefzones ABC kunt u ook naar Potsdam reizen. Automobilisten rijden via de B1 of over de Glienicker Brücke.

Filmopnames bijwonen

Vooral voor jongeren is een bezoek aan het filmpark een hoogtepunt, want dan kunnen ze eens zien hoe films nu eigenlijk gemaakt worden en mogelijk zelfs een nieuwe productie meemaken. Geschminkt worden en een rondleiding langs rekwisieten hoort er – afhankelijk van de productie – ook vaak bij. De gidsen vertellen prachtige anekdotes en elke dag is er om ongeveer 12 en 15 uur een wervelende stuntshow. De grote films van UFA, zoals 'Der Golem' en 'Metropolis', zijn hier opgenomen, en DEFA produceerde later nog films als 'Die Mörder sind unter uns', 'Spur der Steine' en 'Der kleine Muck'.
Filmpark Babelsberg: ingang Großbeerenstraße, tel. 0331 721 27 38, filmpark.de, S7 naar Babelsberg, daarna bus 690 of vanaf Potsdam Hauptbahnhof bus 601 of 619, dag. 10-18 uur, toegang € 20/16, kinderen € 13.

inmiddels is het weer helemaal opgeknapt. In het restaurant komen lekkere gerechten op tafel en bovendien schenkt men 'Bornstedter Büffel', een zelfgemaakte schnaps. In het weekend vinden er vaak evenementen, markten en demonstraties van oude ambachten op het Krongut plaats. Verder vindt u hier pony's, geiten, schapen, ganzen en een volière, en in winkeltjes zijn landelijke producten te koop.

Neuer Garten

Frederik Willem II (koning van 1786 tot 1797), de neef en opvolger van Frederik de Grote, hield van vrouwen; vooral van Wilhelmine Enke, zijn maîtresse voor het leven. Bij deze latere gravin Lichtenau had hij kinderen, net als bij zijn tweede vrouw, Friederike Luise von Hessen-Darmstadt. Omdat hij niet te dicht bij zijn oom Frederik de Grote wilde wonen – die hij haatte – vestigde hij zich in de Neue Garten en hield tegenover het Palais Lichtenau spiritistische bijeenkomsten in de gotische bibliotheek. Later liet hij de op Egypte geïnspireerde Orangerie bouwen en ook het luxueuze Marmorpalais, dat als kasteelmuseum gerestaureerd werd.

In 1913 bouwde keizer Wilhelm II voor zijn zoon Wilhelm en diens vrouw Cecilie von Mecklenburg-Schwerin het laatste Hohernzollernkasteel: **Schloss Cecilienhof**, in de stijl van een Brits landhuis. De kroonprins woonde daar – met onderbrekingen – tot 1945. Stalin, Truman en Churchill gebruikten het kasteel voor hun Conferentie van Potsdam. Truman gaf hier het bevel om een atoombom op Hiroshima te gooien. De vergaderruimten van toen doen nu dienst als museum.

Schloss Babelsberg

Toen keizer Wilhelm I nog kroonprins was onder zijn kinderloze broer Frederik Willem IV wilde hij graag een eigen residentie. Zijn vrouw Augusta leverde het ontwerp. Peter Joseph Lenné en later Hermann Fürst von Pückler creëerden het park.

Filmmuseum

Schloßstraße 1, in de vorstelijke stallen, tel. 0331 27 18 10, filmmuseum-potsdam.de, dag. 10-18 uur, toegang € 3,50/2,50
De expositie 'Filmstadt Babelsberg' is niet chronologisch opgebouwd, maar richt zich op het spanningsveld tussen amusement, propaganda en kunst. Een mooie aanvulling op het studiobezoek.

Te gast in Berlijn

ɔp het Bundespressestrand in een ligstoel ontspannen, een cock-
ail bestellen en zien hoe een helikopter zich van de bondskanse-
arij losmaakt. In Berlijn wordt er dag en nacht geregeerd. Of op de
ets een toertocht langs de ontelbare cafés en clubs van de stad
naken. Berlijn slaapt nooit.

Overnachten

Een omvangrijk aanbod

In Berlijn zijn er ongeveer 750 bedrijven die accommodatie aanbieden, meer dan twintig vijfsterrenhotels en ruim 100.000 bedden, en er komen nog altijd nieuwe hotels bij omdat de grote ketens in een stijgende vraag geloven. Als er niet net een beurs of een ander groot evenement aan de gang is, dan kunt u zonder problemen in elke prijscategorie een kamer krijgen. Bedenk bij uw keuze dat Berlijn een decentrale stad is en dat de afstanden dus groter zijn dan in veel andere steden. Beursbezoekers geven daarom de voorkeur aan een verblijf in het westen van de stad, maar voor toeristen ligt het voor de hand om een onderkomen in Mitte (met inbegrip van de Potsdamer Platz), Kreuzberg of Prenzlauer Berg te kiezen. Daar bevinden zich de meeste bezienswaardigheden, musea, restaurants en clubs. Overigens is een vakantiehuisje in sommige gevallen een interessant alternatief voor een hotel.

Een vijfsterrenhotel voor een driesterrenprijs

De gemiddelde prijs voor een hotelkamer in Berlijn is vergeleken met de rest van Europa laag (€ 76, Parijs € 111, Londen € 108) en voor Duitse begrippen gematigd. Vanaf € 40 hebt u een 2 pk in een keurig hostel. Een kamer in een twee- of driesterrenhotel kost ongeveer € 100. De luxe kent nauwelijks grenzen, of het moet de presidentiële suite met uitzicht op Tiergarten zijn.

Informeer altijd naar weekendaanbi dingen en dagprijzen, want afhank lijk van het seizoen en de bezetti kunnen grote verschillen optreden. [hotels in Berlijn zijn gemiddeld vo minder dan de helft bezet, waardo de prijzen vaak onderhandelbaar zij Aanbiedingen vindt u onder andere c hrs.de en hotel.de.

Hostels

Met honderd hostels is Berlijn de ho telhoofdstad van Europa. Deze verbl ven worden steeds netter en biede ook kleinere slaapruimten aan. Ki voor informatie op:
backpackingeurope.com
hostelworld.com

Reserveren

U kunt uw onderkomen natuurlijk doo een reisbureau laten boeken, maar ki ook eens op de volgende sites:

Berlin Tourismus Marketing: tel. 03 25 00 24, berlintourism.de, ma.-vr. 9-19 za. 10-18 uur. Geeft elk jaar een actuel hotelgids uit.

Bed & Breakfast: tel. 030 44 05 05 82, bed-and-breakfast-berlin.de

Particuliere kamers en appartementen in Berlijn: tel. 030 312 50 03, berlindomizile.de

Kamers voor homo's en lesbiennes: tel. 030 23 62 36 10, ebab.de

Vakantiehuisjes:
ihre-ferienwohnung-in-berlin-de,
ferienwohnungberlin.de,
ferienwohnung-zimmer-berlin.de

Prettig en betaalbaar

Alleen op zolder – **Alameda Berlin:** ■ L 5, Michaelkirchstraße 15, Mitte, tel. 030 30 86 83 30, hotel-alameda-berlin.de, U: Heinrich Heine-Straße, S: Jannowitzbrücke, bus 147 vanaf Hauptbahnhof, vanaf € 67, ontbijt € 8 extra. Fonkelnieuw, heel netjes, maar geen overdreven luxe. Het mooiste is de gunstige ligging: ontbijten in Café am Engelbecken, overdag de stad in en 's avonds dansen in de Tresor.

Uitstekend – **East Seven:** ■ K 1, Schwedter Straße 7, Prenzlauer Berg, tel. 030 93 62 22 40, eastseven.de, U: Senefelder Platz, zestig bedden, zes 1 pk, twaalf 2 pk, zes slaapzalen voor € 17, 25, 37, 's winters goedkoper. De grootste boekingssite voor hostels, hostelworld.com, heeft East Seven in 2009 tot beste hostel van Duitsland uitgeroepen. Ontspannen sfeer, grote tuin, dito keuken en brandschone badkamers. Op een steenworp van de Kastanienallee en de Kollwitzplatz.

City West – **Hotel Bogota:** ■ A 6, Schlüterstraße 45, Charlottenburg, tel. 030 881 50 01, hotel-bogota.de, bus M 29, 113 kamers, 1 pk € 44-85, 2 pk € 69-120. In dit pand uit 1911 huisvestten de nazi's hun Reichskulturkammer en verhoorden ze Duitse beroemdheden zoals Rühmann en Furtwängler. Later zorgden de Britten vanuit dit complex juist voor de 'denazificatie' van de Duitse cultuur. Het gebouw valt onder monumentenzorg, dus eigenaar Joachim Rissmann mag niet zomaar alles verbouwen: voor een aantal kamers zijn er nog gemeenschappelijke douches. Betaalbaar, veel stamgasten.

Het neusje van de zalm – **Jetpak City Hostel:** ■ B 7, Pariser Straße 58, Charlottenburg, tel. 030 784 43 60, jetpak.de, U: Spichernstraße, kamers met drie, vier, zes en acht bedden voor € 30, 22, 20, 18 p.p. In reizigersfora wordt Jetpak telkens als een van de beste, schoonste en vriendelijkste hostels ter wereld genoemd. Verwonderlijk is dat niet als u dit gezellige en lichte hostel vanbinnen bekijkt. Alle kamers hebben draadloos internet, en het gebruik daarvan is gratis.

Hostel-klassieker – **Mitte Baxpax Hostel:** ■ G 1, Chausseestraße 102, Mitte, tel. 030 28 39 09 65, baxpax.de, U: Zinnowitzer Straße, achteruitgang, S: Nordbahnhof, € 15 (in slaapzaal) tot € 56 (2 pk) zonder ontbijt, 1 pk circa € 30. Ante Zelck vroeg zich altijd af waarom jeugdherbergen zo ongastvrij zijn. Daarom opende hij halverwege de jaren negentig dit hostel, nog voordat deze vorm van accommodatie in Duitsland populair werd. Het hostel heeft honderd bedden en voorziet in de specifieke behoeften van jonge rugzaktoeristen, inclusief toeristische informatie. Fietsverhuur (gratis stadsplattegrond), internet, café en keuken.

Midden in Kreuzberg – **Motel One:** ■ K 6, Prinzenstraße 42 / Moritzplatz, Kreuzberg, tel. 030 70 07 98 00, motel-one.com, U: Moritzplatz, 1 pk € 49, 2 pk € 64, ontbijtbuffet € 7,50, evenemententoeslag vanaf € 9. Goed, goedkoop, schoon. Eén kind tot twaalf jaar mag gratis op de kamer van de ouders overnachten. In de buurt van het hotel zijn parkeerplaatsen beschikbaar.

Stijlvol

Spectaculair uitzicht – **Abion Villa:** ■ D 3, Alt-Moabit 99, Mitte, tel. 030 39 92 03 99, abion-villa.de, U: Turmstraße, kamers en suites € 80-209, ontbijt € 23. Dit hotel ligt veilig tussen de Spree en het ministerie van Binnenlandse

Veiligheid: let tijdens het ontbijt, op weg naar het buffet en ook op andere momenten op uw tas en jas. Internationaal opererende bendes gauwdieven uit voormalig Joegoslavië, Roemenië, Algerije of Zuid-Amerika hebben een voorliefde voor luxueuze hotels en slaan toe als u uw eitje bij het buffet haalt. Ze zorgen dat ze in deze omgeving niet uit de toon vallen en treden op als stelletjes of als twee alleenstaande vrouwen.

Zaken. Aan de steiger ligt het jacht van het hotel, dat ook door gasten mag worden gebruikt. Ooit was hier het bedrijf Bolle gevestigd, dat Berlijn van verse melk voorzag. De kamers zijn smaakvol ingericht.

Trouw aan de keizer – **Adlon:** ■ kaart 2, G 4, Unter den Linden 77, Mitte, tel. 030 22 61-0, hotel-adlon.de, S/U: Brandenburger Tor, 2 pk vanaf € 260, ontbijtbuffet voor gasten € 39, anders € 49. Patzschke & Klotz ontwierpen dit hotel in de geest van het oude Adlon, dat keizer Wilhelm II ooit persoonlijk kwam openen door zelf in alle kamers de warmwaterkraan open te draaien. Plafonds met bladgoud, ramen van vloer tot plafond en meubilair van kersen- en mirtenhout: het Adlon is hard op weg weer het meest toonaangevende hotel van Duitsland te worden.

Origineel – **Arte Luise Kunsthotel:** ■ kaart 2, G 3, Luisenstraße 19, Mitte, tel. 030 28 44 80, luise-berlin.com, U: Pariser Platz, S/U: Brandenburger Tor, 2 pk € 79-210. Dit hotel is gevestigd in een classicistisch monument uit 1825 en ligt recht tegenover de Reichstag. Het pand vormt samen met het Bülowsche Palais, waar ooit de kunstenaarssociëteit 'Die Möwe' gehuisvest was, een geheel. Behalve goedkope zolderkamers zijn er ook grotere en statigere, maar nog altijd betaalbare ruimten op de lagere verdiepingen. Elke kamer is door een kunstenaar in eigen stijl ingericht (zo ontwierp Sabine Hartung de kamer 'Chez rose', een groene kamer met geschilderde gele rozen boven het bed, rozenzeep en boeken over rozen). In de kamers aan het spoor kan het lawaaiig zijn.

Historische charme – **Honigmond** ■ H 2, Tieckstraße 11, Mitte, tel. 030 284 45 50, honigmond.de, U6: Zinnowitzer Straße, Oranienburger Tor, 2 pk vanaf € 145 incl. ontbijt. Koffiehuis, restaurant – al sinds 1920 – en intiem hotel onder één dak, in een pand uit 1895 in het noorden van Berlin-Mitte. U kunt hier ontbijten, lunchen en dineren, maar natuurlijk ook alleen een kopje koffie met gebak nuttigen. Prachtige gestucte plafonds.

Klassiek mondiaal – **Hotel de Rome** ■ kaart 2, H 4, Behrenstraße 37, Mitte, tel. 030 460 60 90, hotelderome.de, U: Französische Straße, 146 grote kamers, waaronder vier historische en 3[illegible] moderne suites, € 220-395, suites vanaf € 595, aanbiedingen € 396. Heidi Klum of historische architectuur, wat is belangrijker? Natuurlijk trekken tophotels topmodellen aan. Waar vroeger de Dresdner Bank gevestigd was en nu in de voormalige directievleugel een particuliere bank haar intrek heeft genomen, is een hotel met een smaak- en waardevol interieur ontstaan. Het uitzicht vanaf het dakterras op de Humboldt-Universität en over Berlijn-Mitte is fantastisch en vanuit de Bebel-Bar hebt u een mooi uitzicht op de reuring binnen. Restaurant Parioli krijgt lovende woorden van vooraanstaande critici.

In de nabijheid van Schinkel – **John F.:** ■ kaart 2, H 4, Werderscher Markt 11, Mitte, tel. 030 405 04 60, JohnF@arcotels.com, 2 pk vanaf € 120, ontbijt € 18. De naam van het hotel is een knipoog naar het aan de overkant van de straat gelegen ministerie van Buitenlandse Zaken. Ook de Friedrichswerdersche Kirche met sculpturen uit de tijd van Schinkel staat hier vlakbij, en aan weer een andere kant zijn aantrekkelijke, smalle huisjes gebouwd. En of dat nog allemaal niet genoeg is, liggen ook nog de Gendarmenmarkt, Unter den Linden en de Spree op een steenworp afstand.

Modern en behaaglijk – **Maritim proArte Hotel:** ■ kaart 2, H 3, Friedrichstraße 151, Mitte, tel. 030 203 35, maritim.de, U/S: Friedrichstraße, 2 pk vanaf € 184 incl. ontbijt, suite vanaf € 232. Gasten van dit hotel kunnen gebruikmaken van een wandelende encyclopedie over Berlijn: de kunsthistoricus Siegfried Wein. Deze belezen en vriendelijke gids bezorgt het hotel een nieuwsgierige schare fans. Het vijfsterrenhotel is verder van alle gemakken voorzien.

Midden in het leven – **The Regent Berlin:** ■ kaart 2, H 4, Charlottenstraße 49, Mitte, tel. 030 203 38, regenthotels.com, U: Französische Straße, 194 kamers, 36 suites, rokerslounge, 2 pk vanaf € 235, suites vanaf € 445. Madonna vindt dit het beste hotel van Berlijn, en misschien heeft ze daar wel gelijk in. De enigszins vlakke buitenkant van de architect Joseph Kleinhues verraadt niets van de pracht en praal waarmee de gasten in de klassiek ingerichte lobby worden ontvangen, zoals kroonluchters en veel rood marmer. De grote kamers bieden uitzicht op de Gendarmenmarkt. Carl G. Langhans, de man die de Brandenburger Tor ontwierp, woonde op de plek waar zich nu de naar hem vernoemde salon van het hotel bevindt. Voor het hotel staan regelmatig grote mensenmenigten. Dat betekent dat Robbie Williams hier zijn intrek heeft genomen, of Arnold Schwarzenegger, Drew Barrymore, de Rolling Stones ...

In Hotel Honigmond overnacht u in een typisch 19e-eeuws gebouw

Eten en drinken

Een nieuwe stijl

In Berlijn heeft zich in de afgelopen decennia een nieuwe stijl van moderne restaurants ontwikkeld die met de klassieke culinaire criteria niet te beschrijven is. Het gastronomische landschap in Berlijn wordt gekenmerkt door een grote verscheidenheid aan professionele en evengoed onbevangen keukens.

Het oog wil ook wat, dus de Berlijnse creaties worden optisch steeds fraaier. In plaats van borden wordt bijvoorbeeld leisteen gebruikt, waarop licht aangebraden varkensgehakt, kers, gemarineerde kruiden en in wortelsap met honing geglaceerde blokjes wortel worden gerangschikt.

De moderne Berlijnse keuken

In slechts tien jaar heeft Berlijn zich omhooggewerkt van gastronomische figurant tot superster. Elf sterrenkoks hebben de absolute top in de culinaire wereld bereikt. Enkelen koken onder de vleugels van een vijfsterrenhotel, anderen houden zich onafhankelijk staande of koken zelfs voor televisieprogramma's, zoals Kolja Kleeberg van restaurant VAU. De restaurantgidsen Michelin en Gault-Millau zijn het erover eens dat Berlijn de stad met de voortreffelijkste restaurants van Europa is.

Maar naast de grote verscheidenheid aan wereldkeukens, die met de immigranten naar Berlijn kwam, houdt ook de autochtone Duitse keuken stand. Verder is Berlijn haastiger geworden, wat ook in de eetcultuur to[t] uiting komt. De snelle eetgelegenhe[den] den met hun bagels, de soepcultuur e[n] de sushi zijn beter dan ooit.

Curryworst en co.

Het vooroordeel dat elke Berlijner he[t] liefst elke dag varkenspoot (*Eisbein*) met erwtenpuree (*Erbspüree*) eet lijkt maar niet uit te roeien, wat mis-schien mede wordt veroorzaakt doo[r] het feit dat het gerecht in elk recht geaard Berlijns eethuis te krijgen is. Daarnaast is de curryworst onlosmake-lijk met Berlijn verbonden. Wijlen Herta Heuwer, die een worststalletje op de Stuttgarter Platz had, zou de snack op 4 september 1949 hebben bedacht. Te nagedachtenis van haar is op de hoek Kantstraße / Kaiser-Friedrich-Straße een gedenkplaat aangebracht. Nu gaan er jaarlijks zeventig miljoen curryworsten over de toonbank. Zo staan er lange rijen rond Kurfürstendamm 195 (ter hoogte van de Schlüterstraße) waar de curryworst op een porseleinen bordje wordt geserveerd, met naar keuze een klein flesje champagne of een fles Dom Perignon (€ 120). Hie[r] eten prominienten uit de culturele en politieke wereld graag een curryworst het is hip, en niemand valt ze lastig.

Gastronomische centra

In het hoofdstuk 'Uitgaan' (blz. 108) leest u waar zich in Berlijn grote concentraties restaurants bevinden, zoda[t] u zelf op verkenning kunt gaan.

Cafés en ontbijt

Politici en lobbyisten – **Café Einstein:** kaart 2, G 4, zie blz. 33.

Dichters en smulpapen – **Café im Literaturhaus:** B 6, Fasanenstraße 23, tel. 030 882 54 14, literaturhaus-berlin.de, U: Uhlandstraße, dag. 9.30-1 uur. Een van de mooiste cafés van Berlijn. Vanuit de tuin of wintertuin bij de fontein hebt u uitzicht op de 19e-eeuwse huizen rond het café. U kunt hier tot middernacht warme gerechtjes eten. Het vlees komt van de biologische slager en de vegetarische gerechten zijn heel verfijnd. Zie ook blz. 59.

Studenten en stagiairs – **Kaufbar:** ten oosten van M 5, Gärtnerstraße 4, Friedrichshain (zie ook kaart blz. 64), tel. 030 29 77 88 25, kaufbar-berlin.de, S/U: Warschauer Straße, dag. 10-1 uur. De Kaufbar is een klein, vriendelijk café waar alles te koop is wat u om u heen ziet, zelfs het meubilair. Vanaf € 4 kunt u hier ontbijten.

Prinsen en prinsessen – **King's Teagarden:** ten westen van A 6, Kurfürstendamm 66, tel. 030 883 70 59, kingsteagarden.de, ma.za. 10-19 uur. Dé theespecialist van Berlijn, want in de winkel beneden zijn meer dan driehonderd soorten thee voorradig. Boven kunt u in alle rust van een potje thee en een stukje Schots gebak genieten. Zie ook blz. 59.

Heidi en Peter – **Nola's am Weinberg:** J 1, Veteranenstraße 9, Mitte, tel. 030 44 04 07 66, nola.de, U8: Rosenthaler Platz, dag. 11-1 uur. Als op een terras hoog in de Alpen ontbijt u hier op z'n Zwitsers met een kaasplateau of birchermuesli, 's avonds kunt u hier terecht voor onder andere fondue of met honing en tijm gegratineerde geitenkaas. Op zondag komen jonge gezinnen uit de buurt op het ontbijtbuffet af.

Gebakjes! – **Operncafé:** kaart 2, H 4, zie blz. 33.

Goed en goedkoop

Kleurrijk en jong – **Vapiano:** kaart 2, H 4, Mittelstraße 51-52, Mitte, tel. 030 50 15 41 00, vapiano.de, S/U: Friedrichstraße, ma.-za. 10-1, zo. 10-24 uur, pizza € 5,50-8,50 en *dolci* zoals panna cotta, chocoladetaart of rijstepap € 3-3,75. Uw pizza of pasta wordt in de open keuken bereid, waarna u het gerecht zelf meeneemt naar uw tafeltje. Er wordt op personeel bespaard, maar niet op de producten en al helemaal niet op de inrichting van dit kleurrijke restaurant met tuin.

Royaal en stevig – **Kartoffelkeller:** kaart 2, G 3, Albrechtstraße 14 b, Mitte, tel. 030 282 85 48, kartoffelkeller.com, S/U: Friedrichstraße, dag. 11-1, warme keuken tot 23.30 uur, hoofdgerechten vanaf € 9. Als u rammelt van de honger en wel weg denkt te weten met een studentikoos grote portie van een stevig gerecht, dan bent u hier op het juiste adres. Aardappels met Beierse varkensschenkel of op indiase wijze met kippenborst, amandelen en curry, aardappelpizza met spinazie, knoflook en mozzarella. Men serveert ook vegetarische en visgerechten. Als dessert hebt u onder meer de keuze uit met warme vruchten gevulde aardappelpannenkoekjes.

Geurig en scherp – **Rani:** D 7, Goltzstraße 32, Schöneberg, tel. 030 215 26 73, U: Nollendorfplatz, dag. 12-24 uur. Thais eettentje in een buurt waar meerdere goedkope gelegenheden te vinden zijn. Voor € 5 eet u hier een heerlijk in koriander gemarineerde victoriabaars

Een tip: in veel Berlijnse toprestaurants kunt u tussen de middag verrassend goedkoop eten. Deze lunchmenu's stellen u in de gelegenheid om de creaties van de sterrenkoks te leren kennen, die met hun verfijnde smaaknuances de grenzen van het waarnemingsvermogen verkennen. Verder zijn de etablissementen waarin ze hun kunsten vertonen vaak zeer bezienswaardig.

die in limoenbladeren is gewikkeld. Ook de grote porties exotisch gekruide tofoe of garnalen zijn goedkoop. Ernaast bevindt zich een Indiaas eettentje met dezelfde naam.

Toprestaurants

Penthouse van glas – **Facil:** ■ kaart 2, F 5, Potsdamer Straße 3, Tiergarten, tel. 030 590 05 12 34, facil.de, S/U: Potsdamer Platz, ma.-vr. 12-15 en 19-23 uur, menu vanaf € 80. Facil is gevestigd in een sober ingerichte glazen kubus, waarin het lijkt alsof u in de openlucht zit te eten. Ook de keuken van Michael Kempf, waarin veel vis wordt bereid, doet heel eenvoudig aan. De invloed van Kempf is voelbaar, zichtbaar zelfs, en de uitstekende service zorgt voor een voor alle zintuigen voortreffelijke avond. Wat dacht u van gekruide zalm met een moes van zure room en aardappelkoekjes of gesmoorde runderschouder met prei en ganzenleversaus? Als desserts zijn er onder andere rauwmelkse kazen, een combinatie van peperkoek, vruchten en rum, en kwarkknoedels met bosbessen. De wijnen zijn niet bij de menuprijs inbegrepen, maar passen er uitstekend bij.

Klassisek westers – **First Floor:** ■ C 5/6, in Hotel Palace, Budapester Straße 45, Charlottenburg, tel. 030 25 02 10 20, firstfloor.palace.de, S/U: Zoologischer Garten, Kurfürstendamm, ma.-vr. 12-14.30, 18.30-22.30, za., zo. 18.30-22.30 uur, menu 's avonds € 100. Lichte, moderne keuken met veel oosterse en mediterrane invloeden. Meergangenmenu's, waaronder een dagelijks wisselend verrassingsmenu. Op de kaart staan heerlijkheden als zeetong, lasagne met schuim van erwten, zeebaars, bloedworst met spitskool en sint-jakobsschelpen met pruimen. Mooi interieur.

Sterrenverzamelaar – **Fischers Fritz:** ■ kaart 2, H 4, in The Regent Berlin, Charlottenstraße 49, Mitte, tel. 030 20 33 63 63, fischersfritzberlin.de, U: Französische Straße, dag. 6.30-10.30, 12-14, 18.30-22.30 uur, driegangenmenu 's middags vanaf € 47, 's avonds vanaf € 95. Wie dat wil, kan 's ochtends, 's middags en 's avonds bij Christian Lohse, de enige tweesterrenkok van Berlijn, gaan eten. Restaurant Fischers Fritz is in een hotel gevestigd, dus werkelijk alles is voortreffelijk: de decoratie, het meubilair, de gerechten en de dranken. En u hoeft niet speciaal een fles wijn van € 3600 te bestellen om toch met volle teugen van de luxe te genieten.

Modern Frans – **Margaux:** ■ kaart 2, G 4, Unter den Linden 78 (ingang Wilhelmstraße, EU-Haus), Mitte, tel. 030 22 65 26 11, margaux-berlin.de, S/U: Brandenburger Tor, ma.-za. 19-22.30 uur, driegangenmenu € 95, zes gangen € 140, acht gangen € 180, vegetarisch menu € 100/140. Bij de ingang houden grimmig kijkende bodyguards de wacht, zit er misschien een koningin binnen te eten? Wie de roddelbladen niet wekelijks spelt, zal zich het antwoord door de ober moeten laten influisteren. Omringd door onyx en bladgoud adviseert de Perzische sommelier Rakhshan Zhouleh u bij uw wijnkeuze. En dan bestelt u misschien wel zachtjes gegaarde duif, klein en teder. Of u kiest voor de oesters met rode biet, appel en munt of de blanquette de veau die wel gestoomd lijkt, met flinterdunne schijfjes truffel – het lijkt alsof u zich in een sprookje uit Duizend-en-een-nacht bevindt. En wat dacht u tot slot van een lepel mousse van ijzerkruid met gekonfijte sinaasappel?

Bij de kanselarij – **Paris-Moskau:** ■ E 3, Alt-Moabit 141, Tiergarten, tel. 030 394 20 81, paris-moskau.de, S/U: Hauptbahnhof, dag. 18-1, ma.-vr. ook 12-15 uur, 's avonds viergangenmenu vanaf € 56, met wijnarrangement € 80. Langs de spoorlijn Parijs-Moskou wordt er innovatief gevarieerd op de specialiteiten van Frankrijk en Rusland. De bediening is uitstekend en de wijnkaart is interessant en onconventioneel. Aangezien het restaurant niet in een drukke uitgaanswijk ligt, komen hier vooral Berlijners. Erachter wordt aan het ministerie van Binnenlandse Zaken gewerkt.

Business & Beauty – **Restaurant 44:** ■ B 6, in het Swissôtel (neem de lift), Augsburger Straße 44, Charlottenburg, tel. 030 22 01 00, restaurant44.de, U: Kurfürstendamm, ma.-za. 12-14.30, 18-22.30 uur. De zakenlunch (ma.-vr.) met twee gangen kost € 22, een snuffelaanbieding. 's Avonds betaalt u voor het degustatiemenu van zes gangen € 82. Kreeft, snoek met aspergesalade, doradefilet met Calabrische salami, gesmoord rundvlees, aardbeien met witte chocolade en tijmroom ..., allemaal in een aangenaam tempo, niet te weinig, opgediend door competent personeel, met een bijpassende riesling of rode wijn. U hebt uitzicht op de Kurfürstendamm.

Als een raket omhoog – **Restaurant Reinstoff:** ■ G 2, Edison Höfe, Schlegelstraße 26c, Mitte, tel. 030 30 88 12 14, reinstoff.eu, S: Nordbahnhof, di.-za. vanaf 19 uur, vier gangen vanaf € 60, vijf vanaf € 80. Het jonge kookwonder Daniel Achilles kreeg al een half jaar na opening van zijn restaurant een ster. Zijn gerechten zijn een en al zinnelijkheid, of het nu om de dorade met passievruchten of om de *Leipziger Allerlei* gaat. De Saksische origine van Achilles is bespeurbaar, maar in de eerste plaats is hij een kok van wereldklasse die zijn gasten in een ongedwongen ambiance ontvangt. Het interieur is smaakvol, met veel zwart, hout en spiegels, en een sterrenhemel van lampen. Reserveren!

Tegenover Brecht – **Rutz:** ■ G 2, Chausseestraße 8, Mitte, tel. 030 24 62 87 60, rutz-weinbar.de, U: Oranienburger Tor, di.-za. vanaf 16, keuken 18.30-22.30 uur, verrassingsmenu met vier gangen € 62. Lars Rutz, de inmiddels overleden naamgever van dit restaurant, was een van de beste sommeliers van Berlijn. Wijn staat hier dan ook centraal. De keuze reikt van Duitse riesling van rond de € 27 tot de beste Franse wijnen, zoals een château cheval blanc voor € 1700. Beneden kunt u traditionele Duitse gerechten als varkenspoot en brood met leverworst eten, boven komen verfijnde gerechten op tafel – zoals gesmoorde wagyurunderborst met rozemarijnpuree en beignets met parmezaanse kaas. Met een verrassingsmenu kunt u verschillende gerechten proeven, zoals rivierkreeftjes en in notenboter gegaarde reerug.

Trendy

Sterren en starlets – **Borchardt:** ■ kaart 2, H 4, Französische Straße 47,

Mitte, tel. 030 81 88 62 62, borchardt-catering.de, U: Französische Straße, dag. 11.30-24 uur, hoofdgerechten circa € 25. Met restaurant Borchardt heeft de praal zijn intrede in Berlijns Mitte gedaan: de enorme zuilenzaal was ooit een verzamelplaats van de hugenoten en is tegenwoordig het decor waarin politici, televisiebonzen, soapsterretjes en talkshowhosts zich thuis voelen. Borchardt is zonder meer het meest trendy restaurant van dit moment. Kati Witt en Jack Nicholson dineerden hier, evenals Hillary Clinton, Mick Jagger, Arnold Schwarzenegger, Madonna, Leonardo DiCaprio en Barack Obama.

Extra en vert – **Grill Royal:** ■ kaart 2, H 3, Friedrichstraße 105b, Mitte, vanaf de Weidendammbrücke via de trap naar beneden, aan de Spree, tel. 030 28 87 92 88, grillroyal.de, S/U: Friedrichstraße, dag. vanaf 18 uur, hoofdgerechten € 16-50. Een combinatie van geld en glamour met uitzicht op de Spree en modellen en prominenten uit de film- en clubwereld. Boris Radczuns laat zien hoe je steaks uit Argentinië en Ierland plat maakt. Boris werkte vroeger bij Cookie en maakte daarna in Adlon het Felix bekend. Nu weet hij de 150 plaatsen in het prefabgebouw uit de DDR-tijd twee keer per avond te verkopen. Art Forum, Berlinale of Fashion Week, iedereen laat zich graag met 'een kilo garnalen' verwennen. Het is bijna een dieetgerecht, dat met veel knoflook en rozemarijn wordt bereid.

Jugend en stil – **Hackescher Hof:** ■ kaart 2, J 3, Rosenthaler Straße 40/41, Mitte, tel. 030 283 52 93, hackescher-hof.de, S: Hackescher Markt, ma.vr. 7-3, za., zo. 9-1 uur, hoofdgerechten vanaf € 11. De Hackesche Höfe (zie blz. 38), een jugenstilontwerp van August Endell uit 1906, werden door de historiebewuste investeerder Roland Ernst verbouwd tot een centrum van kleine bedrijven, gastronomie en kunsten. Dit restaurant met zijn grote ramen heeft een speciale theaterkaart voor gasten die na een voorstelling nog honger hebben. Op de dinerkaart is altijd vis te vinden. 's Middags kunt u bij uw kopje koffie een stukje zelfgemaakte taart bestellen.

Chic Kreuzberg – **Hartmanns**, ■ K 8, Fichtestraße 31, Kreuzberg, tel. 030 61 20 10 03, hartmanns-restaurant.de, U: Südstern, ma.-vr. 12-14.30 en 18-23.30, za. 18-24 uur, viergangenmenu € 52. Uitstekend tafelen voor een schappelijke prijs. In dit eenvoudige en lichte souterrain staan slechts veertien tafeltjes, wat het voor het personeel erg overzichtelijk maakt. En het menu overtreft de verwachtingen. Alles is licht: de stevige kabeljauw op fijngesneden inktvis in een lichte tomatensaus, de runderfilet in een diepbruine saus op een bedje van met muskaat gekruide aardappelpuree tussen een krans van spinazieschuim, en de papaja met ijs en een geraffineerd chocoladekoekje. U krijgt een goed advies bij uw wijnkeuze. Ook doordeweeks is reserveren noodzakelijk!

Berlijners en toeristen – **Lutter & Wegner:** ■ kaart 2, H 4, Charlottenstraße 56, Mitte, tel. 030 202 95 40, lutter-wegner-gendarmenmarkt.de, U: Französische Straße, dag. 12-24 uur warme keuken, wijnlokaal tot 2 uur, hoofdgerechten vanaf € 18. In dit traditionele restaurant uit 1811, waar schrijver E.T.A. Hoffmann zich ooit bezatte met sekt, is het een komen en gaan van toeristen, van Japanners tot wijnmakers uit Zuid-Afrika die hier van de achthonderd wijnen komen proeven. De gerechten zijn Oostenrijks van stijl: kalfsgoulash met macaroni, wiener-

Noi Quattro in Kreuzberg behoort tot de beste restaurants van Berlijn

schnitzel, *Kaiserschmarrn* (een soort pannenkoek met rozijnen), kalfsschenkel in gelei, eend en Oost-Pruisisch rundvlees. De stevige gerechten zijn van hoog niveau en het personeel weet van wanten.

Italië van zijn mooiste kant – **Noi Quattro:** J 8, Südstern 14, Kreuzberg, tel. 030 32 53 45 83, noiquattro.de, ma.-vr. 12-24, za. 17-24 uur, menu € 48/55, soms alleen na reservering. Mooie Italiaanse gerechten in een stijlvolle ambiance – het best bewaarde geheim van het establishment van Kreuzberg is een van de meest gelauwerde restaurants van de stad geworden. De tonijn met asperges is subliem, de wijnkaart overtuigt evenzeer als het eten. In de zomer kunt u op het terras zitten.

In de theaterwijk – **San Nicci:** kaart 2, H 3, Friedrichstraße 101, Admiralspalast, Mitte, tel. 030 306 45 49 80, san-nicci.de, U/S: Friedrichstraße, ma.-vr. 12-24, za., zo. 10-24 uur, hoofdgerechten € 12-35, wijn vanaf € 24. Vanaf elke zitplaats in de eetzaal kunt u alle gasten zien, zodat u ook eventuele prominenten niet hoeft te missen. Het vriendelijke en vlotte personeel serveert op een wat frissere dag de koude soep met alle plezier ook warm. Het malse rundvlees gaat vergezeld van een mooi dikke saus, die velen ertoe verleidt om het restant met stukjes brood 'weg te dippen'. U kijkt uit op de binnenplaats van het Admiralspalast of op het Tränenpalast en het kantorencomplex Spreedreieck.

Rheinland in Berlijn – **Ständige Vertretung:** kaart 2, G 3, Schiffbauerdamm 8, hoek Albrechtstraße, Mitte, tel. 030 282 39 65, staev.de, U/S: Friedrichstraße, dag. vanaf 11 uur tot laat, lunch 12-15 uur. 'Gejuich in Berlijn, verontwaardiging in Bonn: een van de ferventste tegenstanders van de verhuizing van de regering verkast nu zelf naar de metropool,' berichtte 'Der Spiegel'. Het restaurant van Friedel Drautzburg, die vroeger met Ulrich Wickert een wijnbar in Bonn had, zit altijd vol. De keuken is dikwijls overbelast, dus u kunt het beste de eenvoudige *Flammkuchen* (een soort pizza, vanaf € 8,50) en *Kölsch* (Keuls bier) bestellen. De kans dat u hier een Duitse politicus tegenkomt, is vrij groot, maar het is natuurlijk wel de vraag of u hem of haar dan ook zult herkennen.

Oase met 16 fonteinen – **Café am Engelbecken:** ■ K 5, zie blz. 67. Hipper, stadser en mondainer zult u het niet snel vinden.

Typisch Berlijn

Gezellig Brauhaus – **Georgbräu:** ■ kaart 2, J 4, Spreeufer 4, Nikolaiviertel, Mitte, tel. 030 242 42 44, georgbraeu.de, U: Klosterstraße, ma.-vr. 12-24, za., zo. 10-24 uur, zie ook blz. 44. Varkenspoot met een biertje en een borrel, zuurkool met erwtenpuree, Berlijnse gehaktballen met salade, een meter Georg-pils (twaalf glazen) voor € 18: in deze gelegenheid met eigen brouwerij serveert men stevige, maar goede gerechten. De tuin zit 's zomers altijd vol, de bediening is snel en vriendelijk. Dat mag ook wel, want eigenaar Peter Häring is een vooraanstaand lid van de vereniging van Berlijnse horecaondernemingen.

Op de bakermat van Berlijn – **Spreeblick:** ■ kaart 2, K 4, Probststraße 9, bij het beeld van Sint-Joris, Mitte, tel. 030 242 52 47, spreeblick-nikolaiviertel.de, U: Klosterstraße, dag. vanaf 12 uur, hoofdgerechten € 5-12, zie ook blz. 44. Daar waar de bakermat van Berlijn lag (dat in 1237 voor het eerst werd genoemd), op een prachtige locatie in het Nikolaiviertel met uitzicht op de Spree, staat het restaurant-café van Udo Pape.

Ständige Vertretung trekt niet alleen prominenten uit de politiek

Het biedt plaats aan honderd gasten, heeft een grote wintertuin en serveert typisch Duitse gerechten. Soms is Spreeblick het toneel van een familie- of bedrijfsuitje.

Oudste van Berlijn – **Zur letzten Instanz:** ■ kaart 2, K 4, Waisenstraße 14-16, Mitte, tel. 030 242 55 28, zurletzteninstanz.de, U: Klosterstraße, ma.-za. 12–1 uur, warme keuken tot 23 uur, hoofdgerechten € 10-19. In de schaduw van de kerk staat de oudste herberg van Berlijn, die in 1621 door een ruiter van de Grote Keurvorst werd begonnen. Napoleon deed de herberg aan vlak nadat hij Louisiana aan de VS had verkocht, en de Franse oud-president Jacques Chirac is hier wel drie keer geweest. Hij at er met oud-bondskanselier Gerhard Schröder gerechten als 'aanklacht wegens smaad' en 'getuigenverklaring', in werkelijkheid tartaar van haring, varkenspoot met zuurkool en erwtenpuree. De varkenspoot is zo groot dat u hem ook zou kunnen delen. Naar de obers luisteren is een soort spoedcursus Berlijns dialect.

Vegetarisch

Vietnamees-vegetarisch – **Samâdhi:** ■ kaart 2, G 4, Wilhelmstraße 77, Mitte, tel. 030 22 48 88 50, samadhi-restaurant.de, S/U: Brandenburger Tor, U: Mohrenstraße, dag. 12-23 uur, hoofdgerechten € 9,50-12,50, lunchgerechten € 6,50-8,50. Bij dit restaurant kunt u goed en overwegend veganistisch eten. Dat wil zeggen: geen vlees, geen vis, geen dierlijke eiwitten. In plaats daarvan krijgt u des te meer miso, tofoe, kokos, gember, caramel en Aziatische kruiden.

Friedrichshain voor vegetariers – **Vöner:** ■ ten oosten van M 5, Boxhagener Straße 56, S: Ostkreuz, voener.de, ma.-vr. 11.30-23, za., zo. 13.30-23 uur, € 2,50-3,30. De veganistische döner is alleen in Friedrichshain te krijgen. Holger, de uitvinder van de vöner, heeft inmiddels een tweede circuswagen nodig, omdat de wachtrijen voor zijn vegetarische menu's bijna niet weg te werken zijn. Qua smaak verschilt de vöner niet zo veel van de döner, maar hij is puur veganistisch. De wagenburger, een combinatie van graan en groenten, is vegetarisch. De patat wordt vers gesneden.

Wereldkeuken

De klassieke Indiër – **Amrit:** ■ L 6, Oranienstraße 202, hoek Skalitzer Straße, Kreuzberg, tel. 030 612 55 50, amrit.de, U: Görlitzer Bahnhof; filiaal Oranienburger Straße 45, Mitte / Spandauer Vorstadt, tel. 030 28 88 48 40, U: Oranienburger Tor, dag. 12-1 uur. Hier doet men echt zijn best – en met succes. De bediening is uitstekend, het eten – vegetarisch Indiaas, met kruidige, soms heel hete yoghurtsausjes – heerlijk. In Kreuzberg heel goedkoop, in de Oranienburger Straße een tikje duurder. En als de kok net even in de andere zaak bezig is, duurt het wat langer voordat uw eten klaar is.

Anatolische heerlijkheden – **Hasir:** ■ kaart 2, J 3, S: Hackescher Markt, zie blz. 40.

Afrikaans avontuur – **Massai:** ■ ten noorden van K 1, Lychener Straße 12, Prenzlauer Berg, tel. 030 48 62 55 95, massai-berlin.de, U: Eberswalder Straße, ma.-do. 17-24, vr.-zo. 16-24 uur, hoofdgerechten € 8-19. Hier waant u zich echt bij de Masaï, want men serveert onder andere kookbananen met een soort spinazie in een pindasaus. Neem er een bananenbiertje of een van de andere Afrikaanse bieren bij.

Winkelen

Winkelwijken

Omdat Berlijn meer dan één centrum heeft, zijn de winkels ook in verschillende wijken te vinden. In het westen van de stad is het **KaDeWe** aan de Wittenbergplatz (zie blz. 59, 107) het winkelmekka. In de **Tauentzienstraße**, richting de Gedächtniskirche, zijn veel (sport-)kleding- en schoenwinkels gevestigd. Aan de andere kant van de Gedächtniskirche bevinden zich in de zijstraten van de **Kurfürstendamm** – zoals de Meineke-, de Fasanen- en de Bleibtreustraße –, maar ook richting de Savignyplatz veel kleine boetieks.

De **Potsdamer Platz Arkaden** is een drie verdiepingen hoog winkelcentrum met honderd winkels onder één groot glazen dak: H&M, Benetton, Mango, Esprit, Mexx, Wöhrl, Palmers, Aust. Verder vindt u hier volop cafés, een uitkijkplatform en een Sony Style Store.

In de **Friedrichstraße** lonken de **Friedrichstadtpassagen**. Centraal staat het chique Galeries Lafayette (zie blz. 47, 107), maar er zijn hier ook boekwinkels, autoshowrooms en op de hoek van Unter den Linden een Nivea Lifestyle-Wellness-winkel.

Met potentieel

De **Alexanderplatz** is op winkelgebied sterk in betekenis toegenomen. In de grote elektronicazaken kunt u batterijen voor uw digitale camera kopen en in de Galeria Kaufhof kunt u zien hoe een modern warenhuis eruit hoort te zien: zeer overzichtelijk en met klantgerichte medewerkers. Dit warenhuis heeft beslist de toekomst. Het Alexa daarentegen is een klassiek winkelcentrum met de gebruikelijke winkels.

Voor individualisten

In de Spandauer Vorstadt concentreren zich rond de **Hackesche Höfe** de apartere zaken. Hier is alles anders. Afgezien van een paar filialen van restaurantketens vindt u hier alleen maar kleding, schoenen en kunst – een breed spectrum aan jonge Berlijnse ontwerpers, onafhankelijke merken en internationale creatievelingen. Informatie over de Berlijns ontwerperswereld vindt u op berlinklamotten.de.

Ook de winkeltjes rond de **Winterfeldtplatz** en de Maaßenstraße in Schöneberg zijn een aangenaam alternatief.

Een overzicht

KaDeWe, Tauentzienstraße, omgeving Kurfürstendamm: ■ A-C 6, U 1, 9: Kurfürstendamm, Uhlandstraße, U/S: Savignyplatz, bus 149 vanaf de Zoo

Potsdamer Platz Arkaden: ■ kaart 2, F 5, U/S: Potsdamer Platz

Friedrichstraße: ■ kaart 2, H 3-5, U 2/6: Stadtmitte, Französische Straße

Alexanderplatz: ■ kaart 2, K 3, U/S: Alexanderplatz

Hackesche Höfe: ■ kaart 2, J 3, S: Hackescher Markt

Winterfeldtplatz / Maaßenstraße: ■ D 6, U: Nollendorfplatz.

Antiek

Girl's best friends – **Art 1900:** ■ A 6, Kurfürstendamm 53, Charlottenburg, tel. 030 881 56 27, art1900.de, U: Uhlandstraße, ma.-vr. 10-19, za. 10-16 uur. De specialist in jugendstil en art deco met een enorme keuze aan schilderijen, porselein, meubels, sieraden en originele Tiffany-lampen. Indrukwekkende collectie sieraden van Duitse goudsmeden uit de jaren twintig en dertig van de vorige eeuw.

Mooi oud Berlijn – **Berliner Antikmarkt:** ■ kaart 2, H 3, Georgenstraße 190-203, Mitte, tel. 030 208 26 55, berliner-antikmarkt.de, U/S: Friedrichstraße, wo.-ma. 11-18 uur. Tussen station Friedrichstraße en de Hackescher Markt wordt de grootste permanente verzameling oude meubels, schilderijen en huishoudelijke artikelen van de hele stad aangeboden. De zes handelaars verkopen ook boeken (veel over Berlijn) en sieraden. Prettig is ook dat u hier in alle rust kunt rondneuzen zonder voortdurend te worden aangesproken.

Cadeaus, souvenirs, design

Zoals bij 'der alte Fritz' – **Königliche Porzellan-Manufaktur:** ■ B/C 4, Wegelystraße 1, Charlottenburg, kpm-berlin.de, S: Tiergarten, ma.-za. 10-18 uur, rondleiding elke za. 15 uur. Of het nu om een heel servies of om een enkel mooi stuk gaat, sinds 1763 wordt al het porselein uit deze werkplaats op last van Frederik II in bleumerant (lichtblauw) van de scepter uit het wapen van de markgraaf van de mark Brandenburg voorzien. Destijds was de werkplaats al zo goed als failliet en tegenwoordig lopen de zaken weer niet best. Bill Gates heeft de afgelopen jaren duizenden stukken gekocht, die allemaal van zijn eigen monogram werden voorzien. Volgens de kenners is KPM vooral in trek vanwege de heldere lijnen. Smetteloos glazuur, een helder ontwerp en de schoonheid ten top.

Concentratie van design – **Stilwerk:** ■ B 5, Kantstraße 17, hoek Uhlandstraße, stilwerk.de, U: Uhlandstraße, bus M49, ma.-za. 10-19 uur. Meer dan vijftig winkels op 19.000 m² en vijf verdiepingen,

Berlinaria en meer – Berlin Story

Het omvangrijkste aanbod van boeken, dvd's, cd's, posters en souvenirs met als thema de stad Berlijn, in totaal meer dan 10.000 artikelen. Deze Berlijnse boekhandel heeft al vele onderscheidingen gekregen, onder andere de Duitse innovatieprijs voor ideeën, engagement en het fundamentele inzicht in de geschiedenis van maatschappij en cultuur. Bij Berlin Story Verlag verschijnt om de twee weken een boek over Berlijn, of het nu om een actueel fotoboek of om een reisgids uit de tijd van Frederik de Grote gaat. Ook in theater **Berlin Story Salon** draait alles om Berlijn – fris, grappig, kritisch en vaak als dinnershow. In het **café** met terras op de binnenplaats kunt u een heerlijk stuk gebak bij de koffie nemen. Op de benedenverdieping vindt u een **expositie over de geschiedenis van Berlijn** met onder andere een Trabantje en een historische maquette van de stad. Ook de film 'The Making of Berlin' wordt hier vertoond (duur: 25 minuten).
Berlin Story: ■ kaart 2, H 4, Unter den Linden 26, Mitte, tel. 030 20 45 38 42, berlinstory.de, S/U: Friedrichstraße, dag. 10-20 uur ('s zomers ook langer).

Kunst kopen: de galeries van Berlijn

De 250 galeries variëren van gevestigde klassiekers tot moedige avant-gardisten. De ruim twintig Charlottenburger galeries die rond de Kurfürstendamm tussen de **Fasanenstraße en de Savignyplatz** gevestigd zijn, mikken op kapitaalkrachtige verzamelaars, terwijl de galeries in de **August-, de Gips-, de Sophien-, de Linien- en de Dircksenstraße** in Mitte het meer van een jong, modern publiek moeten hebben. Het Art Forum Berlin biedt elk jaar eind september / begin oktober een overzicht van de actuele kunst en adviezen voor mensen die willen investeren (art-forum-berlin.de). In Kreuzkölln hangen werken van jonge kunstenaars – van grandioos tot geniaal – in galeries, kroegen of bij de kapper (zie blz. 68).

allemaal over inrichting en design om mooier te wonen en te leven.

Delicatessen en levensmiddelen

Chocoladehoofdstad – **Fassbender & Rausch:** ■ kaart 2, H 4, aan de Gendarmenmarkt, Charlottenstraße 60, Mitte, tel. 030 20 45 84 43, fassbender-rausch.de, U: Stadtmitte, dag. 11-20 uur. Een lange toonbank met vijfhonderd chocoladeproducten van de allerhoogste kwaliteit, maar voor alleszins redelijke prijzen. Wilhelm Rausch kwam in 1918 naar Berlijn en begon een handeltje in bonbons, chocolade en honingkoeken. Sinds 1971 wordt het bedrijf geleid door Jürgen Rausch. De cacao komt van zes eigen plantages.

Kreuzberg voor lekkerbekken – **Marheineke-Markthalle:** ■ H 8, Marheinekeplatz, Kreuzberg, U: Gneisenaustraße, ma.-vr. 8-20, za. 8-18 uur. Deze grote markthal uit de 19e eeuw is in 2007 uitgebreid gerestaureerd. Het aanbod onderscheidt zich niet zo zeer van andere markten, maar het gebouw en de atmosfeer zijn heel bijzonder. De lekkerbekken uit Kreuzberg kopen hier antipasti uit Griekenland, Italië en Spanje, goede wijnen en kaasspecialiteiten.

Turkse knabbeltjes – **Smyrna:** ■ K/L 6, Oranienstraße 27, Kreuzberg, U: Kottbusser Tor, bus: M29, dag. 9-2 uur. Noten, kikkererwten, gedroogde vruchten, gember, moerbeien, pijnboompitten, vijgen en pistachenoten, maar ook kaplama, karisik, kavrulmus, kavurga en kaysi. 's Ochtends komen hier veel Turkse moeders, daarna komen langzamerhand de jonge mensen uit bed en tot laat op de avond zitten er nog mensen op de bankjes voor het kleurrijk verlichte Smyrna.

Mooi Schöneberg – **Winterfeldtmarkt:** ■ D 7, Winterfeldtplatz, Schöneberg, U: Nollendorfplatz, wo. 8-14, za. 8-16 uur. De populairste markt van Berlijn, met op meer dan 280 kraampjes een internationaal aanbod en bij iedereen de aandrang om te zien en gezien te worden. U vindt hier groenten, fruit en kaas van Brandenburgse boeren en vlak daarnaast Turkse en Arabische handelaars, 'zelfgemaakte' kunstnijverheid, kaarsen, olijven, antipasti, kleding en schoenen.

Galeries

Oost.goed – **Leo.Coppi:** ■ H 2, Auguststraße 83, Mitte, tel. 030 283 53 31, S: Oranienburger Straße, di.-za. 12-18 uur. Helle Coppi en Doris Leo onderhielden in de DDR-tijd de betrekkingen tussen Oost-Duitse kunstenaars en het westen. Mensen die deze galerie vandaag de dag bezoeken, krijgen hoogstaande, eigentijdse figuratieve kunst te zien van gevestigde kunstenaars uit de eerste en tweede generatie van de Berlijnse school en de Dresdener schilderswereld.

Klassiek modern – **Villa Grisebach:** B 6, Fasanenstraße 25, Charlottenburg, tel. 030 885 91 50, U: Kurfürstendamm, ma.-vr. 10-18.30, za. 11-16 uur. Dit is al meer dan vijftig jaar een goed adres voor moderne kunst. Zo presenteerde deze galerie het oeuvre van Heino Naujok, die in 1966 de medeoprichter van de kunstenaarssociëteit 'Geflecht' was. Villa Grisebach is inmiddels een van de succesvolste Duitse veilinghuizen, met wereldwijd 35 medewerkers. Wie een belangrijk werk van Nolde (1,65 miljoen euro), Liebermann of Menzel wil kopen of verkopen, kan niet om deze galerie heen.

Mode en accessoires

Trendy over de schouder – **BagAge:** J 8, Bergmannstraße 13, Kreuzberg, U: Gneisenaustraße, ma.-vr. 11-20, za. 10-17 uur. Hier zijn trendy tassen te koop in alle soorten en maten: dj-tassen, tassen van gerecycled dekzeil, fietstassen, het complete Berlijnse assortiment.

De roaring twenties op maat gemaakt – **Charming Styles:** ten noorden van K 1, Erich-Weinert-Straße 3, Prenzlauer Berg, tel. 030 91 20 88 28, charmingstyles.de, S/U: Schönhauser Allee, di.-vr. 13-18, za. 11-16 uur. Andrea Kiersch en haar team maken dames- en herenmode uit het swingtijdperk op maat. De meeste klanten hebben de outfit uit de jaren twintig van de vorige eeuw nodig voor een van de populaire feesten. In het atelier wordt advies gegeven en de maat opgenomen. Na een tijdje komt de klant terug voor een pasbeurt en herkent hij of zij zichzelf nauwelijks terug. Andrea organiseert ook historische modeshows en dansevenementen – een wereld op zich met dansorkesten, dj's en salons.

Meer dan mode alleen – **Glücklich am Park:** J 1, Kastanienallee 54, Prenzlauer Berg, tel. 030 41 72 56 51, kaufdichgluecklich.de, U: Rosenthaler Platz dag. 11-21 uur, café langer. Snuisterijen, mode, wafels en ijs (maar liefst zestig soorten, waaronder veganistisch ijs), sofa's, schoenen. De mode komt van kleinere merken uit Scandinavië en Berlijn.

Betaalbare Prada – **Macy'z:** A 6, Mommsenstraße 2, Charlottenburg, U: Uhlandstraße, S: Charlottenburg, bus M19, M29, ma.-vr. 11-18.30, za. 11-16 uur. Theresia Wirtz opende deze winkel, de eerste zaak voor de betere tweedehandskleding, al in 1985. Zo vindt u hier uitstekend onderhouden producten van Armani, Jil Sander, Gaultier, Gucci, Prada en Issey Miyake. Op beurzen en modeshows ontmoette Theresia veel vrouwen met te veel kleren en te weinig contanten. Het idee bleek een schot in de roos, want inmiddels zijn er in de Mommsenstraße nog vijf van dit soort winkels: **Ariane** (nr. 4), **Caro** (nr. 65), **Bibab** (nr. 62), **Seconda** (nr. 61) en **Madonna** (nr. 57).

Feestkleding – **Made in Berlin:** J 2, Neue Schönhauser Straße 19, Mitte, U: Weinmeisterstraße, ma.-za. 12-20 uur. Tweedehands feestkleding op twee verdiepingen. Tussen 12 en 15 uur is het happy hour en krijgt u 20 % korting. Het beste adres om u voor te bereiden op een feest.

Meisjesdromen – **Milkberlin:** ■ K 2, Torstraße 102, Mitte, milkberlin.com, U/S: Alexanderplatz, ma.-vr. 13-19, za. 13-18 uur. Kleurrijke schoudertassen, waarvan de ontwerpen aan popart doen denken.

Rococo anno nu – **Sterling Gold:** ■ H 2, Oranienburger Straße 32, Heckmann-Höfe, Mitte, sterlinggold.de, S: Oranienburger Straße, ma.-vr. 12-20, za. 12-18 uur. De winkel van Michael Boenke is gespecialiseerd in eersterangs tweedehandskleding, die de periode van de jaren veertig tot de jaren tachtig van de vorige eeuw bestrijkt. In de 240 m^2 grote zaak ruikt het naar rozen, de hoge ruimte is in rococostijl goud geschilderd en kroonluchters zorgen voor een bijzondere sfeer. De cocktail- en avondkleding is op kleur en maat gerangschikt. Fluweel en zijde, kant en tule worden door een kleermaakster ter plaatse bijgewerkt. Boenke, wiens grootvader kleermaker in Berlijn was, mag graag vertellen hoe hij zijn carrière in de Verenigde Staten begon met de inzameling van oude kleren uit trendy winkels voor een Armeense familie.

Berlijnse schoenen wereldwijd – **Trippen:** ■ kaart 2, J 3, Hackesche Höfe 4 en 6 (zie blz. 38), en J 2, Alte Schönhauser Straße 45, Mitte, U: Weinmeisterstraße, ma.-vr. 11-20, za. 10-20 uur. Het Berlijnse schoenenmerk Trippen combineert degelijk handwerk met moderne ontwerpen. De nieuwste creaties zijn te bewonderen in de Alte Schönhauser Straße.

Sieraden

Metalen kevertjes – **Schmuck Fritz:** ■ K 6, Dresdener Straße 20, Kreuzberg, schmuckfritz.de, bus M29: Oranienplatz, U: Kottbusser Tor, ma.-vr. 10-19, za. 11-18 uur. Hier wordt van 's ochtends vroeg tot 's avonds laat nagedacht, ontworpen en gecreëerd. Er onstond hier een communicatie- en scholingscentrum op het gebied van hedendaagse sieraden, waardevolle materialen en extravagante vormen.

Eyecatcher – **Tukadu:** ■ J 3, Rosenthaler Straße 46/47, Mitte, tel. 030 283 67 70, tukadu.de, S: Hackescher Markt, U: Weinmeisterstraße, ma.-za. 11-20 uur. Een betoverende wereld vol kleurrijke sieraden en materialen – van kitscherige engelen tot knalrode plastic aardbeien. Met de kralen van glas, keramiek, acryl, hout, hoorn, metaal en andere materialen kan iedereen zijn eigen creatieve ontwerpen maken.

Vlooienmarkten

Boxi live – **Boxhagener Platz:** ■ ten oosten van M 5, zondagse ontmoe-

Upper East Side midden in Berlijn

Shop till you drop! Het enorme, nieuwe gebouw op de hoek Friedrichstraße / Unter den Linden biedt onderdak aan talloze kledingwinkels (onder andere flagship stores van Zara, Marc O'Polo en Esprit) en bedient een stad die kennelijk totaal veranderd is: tot lang na de Wende waren de meeste Berlijners totaal niet geïnteresseerd in mode, chic was zelfs verdacht. De naam Upper Eastside verwijst naar de duurste wijk van New York.
Upper Eastside Berlin: ■ kaart 2, H 4, uppereastsideberlin.de, S/U: Friedrichstraße, bus 100, 200, ma.-za. 10-20 uur.

Het schoenenmerk Trippen kenmerkt zich door degelijke producten en moderne ontwerpen

tingsplaats van de bewoners van de trendy wijk Friedrichshain (maar u bent natuurlijk ook van harte welkom). Zie blz. 62.

Bazaar als de toren van Babel – **Flohmarkt am Mauerpark:** ■ ten noorden van J 1, Bernauer Straße, hoek Schwedter Straße, Prenzlauer Berg, U: Eberswalder Straße, zo. 10-18 uur. Een internationale vlooienmarkt van jonge mensen uit Friedrichshain en Prenzlauer Berg, Italië, Spanje, de Verenigde Staten en de Oekraïne. Op zondagmiddag is er karaoke. U komt hier gemakkelijk in gesprek en voelt u na een tijdje zelf net zo hip als de verkopers. Voor jonge toeristen is deze vlooienmarkt de belangrijkste bezienwaardigheid van Berlijn na de Brandenburger Tor. In de cafés rondom de markt kunt u heerlijk een latte macchiato op het terras drinken.

Klassieke veelzijdigheid – **Straße des 17. Juni:** ■ B-C 4, langs Tiergarten, U: Ernst-Reuter-Platz, S: Tiergarten, za., zo. 10-17 uur. De meest professionele en mooiste, maar ook bepaald niet goedkoopste vlooienmarkt van de stad. De verkopers bieden allerlei Berlijn-memorabilia, mooie antieke voorwerpen en heuse kunstwerken te koop aan.

Warenhuizen

Paradijs voor shoppers – **KaDeWe:** ■ C 6, Tauentzienstraße 21-24, kadewe.de, U: Wittenbergplatz, ma.-do. 10-20, vr. 10-21, za. 9.30-20 uur. In het beroemdste warenhuis van Duitsland, het Kaufhaus des Westens (KaDeWe), gaat het er chic en voornaam aan toe. U vindt hier werkelijk van alles, van ochtendjassen die tot op de enkels reiken tot het zachtste ondergoed en afrodiserende oesters. Zie blz. 59.

Oesters voor iedereen – **Galeries Lafayette:** ■ kaart 2, H 4, Friedrichstraße 76-78, galerieslafayette.de, U: Stadtmitte, ma.-za. 10-20 uur. Art de vivre, Franse mode en een bijzonder goede levensmiddelenafdeling. Zie blz. 47.

Uitgaan

Elke wijk heeft zijn eigen uitgaansbuurt, vaak met tientallen cafés en restaurants vlak bij elkaar. Dat gaat bijvoorbeeld op voor de oude uitgaanswijk van West-Berlijn, maar ook voor Mitte, Friedrichshain en Prenzlauer Berg, waar zich een bruisend uitgaansleven heeft ontwikkeld. Ook in dat opzicht zult u geen verschillen meer tussen oost en west aantreffen.

City West

De traditionele uitgaanswijk van West-Berlijn, met veel restaurants, ligt rond de **Savignyplatz** (charlottenburg.de) en loopt door in de Carmer- en de Knesebeckstraße. De gelegenheden rond de **Winterfeldtplatz** in Schöneberg worden steeds vaker bezocht door toeristen. Hier is ook een avondwandeling langs de Indiase en Arabische winkeltjes aan te bevelen. In de **hotelwijk** is in de bars aan de Lützowplatz en in Harry's New York Bar (in Hotel Esplanade) na middernacht nauwelijks nog een zitplaats te vinden, maar des te eenvoudiger contact te leggen.

Kreuzberger nachten ...

Kreuzberg is beslist een geval apart (kreuzberg.de). Rond de **Kottbusser en de Schlesische Tor** is het een verzamelplaats van Turkse – en inmiddels ook Indiase – restaurants. Het clichébeeld van de Kreuzberger bevolking wordt zelfs op de hoek van de Oranienstraße en de Mariannenstraße niet meer bevestigd. Waar zijn de punkers en de linkse alternatievelingen gebleven? De cafés aan de Paul-Lincke-Ufer maken duidelijk dat Kreuzberg aan het veranderen is. Daar komt de academische wereld bijeen in **de Yorck-, de Bergmann-, de Kreuzberg- en de Großbeerenstraße**, van de Mehringdamm tot de Marheinekeplatz. Heel Kreuzberg, dat een tijdlang een beetje op de achtergrond was verdwenen, komt opnieuw tot leven als uitgaansgebied. Maar de woningprijzen stijgen navenant.

Uitgaan in het oosten

Hier begint het echte werk: voor lange nachten moet u in de **Oranienburger Straße** zijn, want van de Kilkenny Pub aan de Hackesche Markt tot de synagoge en het culturele centrum Tacheles is het altijd druk.

Een hoogtepunt in het oosten is **Prenzlauer Berg**. In de restaurants aan de Kollwitzplatz, in de Husemann- en de Sredzkistraße en op de Helmholtzplatz is het 's avonds wel wat rustiger dan in de kroegen rond de watertoren, waar de toeristen de macht hebben overgenomen. De **Kastanienallee** is met boetieks, kroegen, galeries en theaters dag en nacht hip, jong, creatief en internationaal.

Wie 'Prenzelberg' niet meer hip genoeg vindt, kan naar Friedrichshain (boxhagener-platz.de), waar in de **Simon-Dach-Straße** zowel de studenten als de serveersters mooi zijn.

Find your club!

De clubs van Berlijn zijn een typische mengeling van bar, club, discotheek en lounge, kortom alles in één. Sommige clubs leggen de nadruk op bepaalde elementen, ook wat de muziekkeuze betreft. Find your club: op **clubguide berlin.de** en **clubcommission.de** (met evenementenkalender) vindt u duidelijke en reclamevrije overzichten van de clubs met alle relevante gegevens zoals muziekrichting en openingstijden, alsmede links naar de verschillende clubs.

Concerten

Klassieke muziek is in: met de filharmonische orkesten, het Duitse symfonieorkest en het concertgebouworkest beschikt Berlijn over sublieme orkesten. In totaal biedt de stad acht grote symfonieorkesten en bovendien talrijke ensembles. Via **klassik-in-berlin.de** vindt u alles wat u wilt weten over de klassieke muziek in Berlijn.

Alternatieve theaters

Alternatieve podia, vaak kleine theaters van een hoog artistiek niveau, zijn het zout in de Berlijnse cultuurpap. Slechts enkele gezelschappen spelen regelmatig, andere treden alleen met nieuwe producties op. Berlijn is een magneet voor goede toneelspelers. Daarom is de keuze op elk moment groot.

Podia

De **o2-World Arena** (■ ten oosten van M 5, o2world.de) is de nieuwe multifunctionele arena van Berlijn voor sport- en culturele evenementen. Het **Haus der Berliner Festspiele** (■ B 6-7, berlinerfestspiele.de) is het decor van musicals, theatervoorstellingen en feestweken, het **Haus der Kulturen der Welt** (■ E 3, zie blz. 55) wordt vooral voor culturele evenementen van buiten Europa gebruikt. In de **Tempodrom** (■ G 6, tempodrom.de) vinden allerlei evenement en plaats, en in de **Kulturbrauerei** (zie blz. 115) en **Tacheles** (zie blz. 117) worden bezienswaardige exposities georganiseerd.

Programma-overzichten en voorverkoop

Behalve de stadstijdschriften (zie blz. 23) zijn er ook goede websites met actuele informatie over de evenementen in Berlijn.

berlin-programm.de: de beste actuele informatie over cultuur en amusement. Voor € 2 hebt u een gedrukt overzicht, dat vanaf de 15e van de voorafgaande maand te koop is.

berlin-buehnen.de: overzicht van het programma van veel theaters.

berlinerfestspiele.de: informatie over het programma van de Berliner Festspiele.

hekticket.de: online kaarten bestellen, maar zonder beschrijving van de voorstelling. Goedkope lastminutekaarten voor dezelfde avond. De bestelde kaarten kunt u afhalen bij de kiosk bij Berlin Carré, Karl-Liebknecht-Straße 13, tel. 030 24 31 24 31, ma.-za. 12-20 uur, zo. gesl. Let op: alleen contante betaling!

berlin.de/kultur-und-tickets: voer een datum in en u krijgt een overzicht van de evenementen.

berlinien.de: het beste bioscoopoverzicht van Berlijn. Bovendien informatie over concerten, theaters en party's.

arsenal-berlin.de: de site van bioscoop Arsenal (zie blz. 113).

indexberlin.de: alle exposities en galeries, ook als pdf te downloaden.

berlinatnight.de: onder 'Locations' en op de kaart van Berlijn kunt u bijvoorbeeld naar bars in de omgeving van uw hotel zoeken.

Alternatief theater

Multiculti – **Ballhaus Naunynstraße:** ■ L 6, Naunynstraße 27, Kreuzberg, tel. 030 34 74 59 60, ballhausnaunyn strasse.de, U: Kottbusser Tor, bus: M29. Tussen jonge, gesluierde meisjes en Turkse intellectuelen blijft u volledig op de hoogte wat er vandaag de dag in die culturen zoal speelt.

Doen!!! – **Grips:** ■ C 3, Altonaer Straße 22, Tiergarten, tel. 030 39 74 74 77, grips-theater.de, U: Hansaplatz, telefonisch kaarten reserveren: ma.-vr. 12-18, za., zo. 11-17 uur. Grips is het origineelste theater van Berlijn. Met elke voorstelling, maar vooral de legendarische Berlijnse muziekrevue 'Linie 1' en het stuk 'Eine linke Geschichte', wordt de esprit van de stad op onovertroffen wijze zeker, losjes en diepzinnig voor het voetlicht gebracht.

Onovertroffen – **Gutes Wedding – Schlechtes Wedding:** ■ ten noorden van F 1, Müllerstraße 163, Wedding, tel. 030 49 90 79 58, primetimetheater.de. Het merkwaardigste, meest onderhoudende en eigenzinnigste theater van Berlijn. Om de vier weken is er weer een nieuw programma. In eerste instantie zult u denken: 'Ach, die spelen alleen maar zichzelf,' tot u erachter komt dat ze met zijn vieren twintig rollen spelen.

Jong en brutaal – **HAU – Hebbel am Ufer:** ■ G 6-7, HAU 1, Stresemannstraße 29, HAU 2, Hallesches Ufer 32, HAU 3, Tempelhofer Ufer 10, tel. 030 25 90 04 27, hebbel-am-ufer.de, U: Hallesches Tor. Internationale gezelschappen en eigen producties, waaronder veel danstheater.

Cabaret, musicals, shows

Alles gespiegeld – **Bar jeder Vernunft:** ■ B 6-7, Schaperstraße 24, Wilmersdorf, in de theatertent achter de parkeerplaats naast het Haus der

De strandbars van Berlijn

De hele dag feest in de zanderige strandbars aan de Spree en de grachten: Strandbar Mitte, het Oststrand en het Bundespressestrand zijn aanpassingen van wat vroeger de biertuinen aan het water waren. Door menselijke wilskracht en het verschepen van 120 ton fijn Brandenburgs zand zijn hier strandjes ontstaan. Ligstoelen, parasols, cocktails, snacks en bier zijn ineens heel gewoon geworden.

Strandbar Mitte: ■ kaart 2, H 3, Monbijoustraße 3, tel. 030 28 38 55 89, strandbar-mitte.de, U: Oranienburger Tor, S: Oranienburger Straße.

Strandbar Bundespressestrand: ■ kaart 2, F 3, Kapelleufer 1, tel. 030 28 09 91 19, bundespressestrand.de, U/S: Hauptbahnhof.

Badeschiff an der Arena: ■ ten oosten van M 6, Eichenstraße 4, tel. 030 533 20 30, arena-berlin.de, U: Schlesisches Tor, S: Treptower Park, bus: 265.

Freischwimmer: ■ ten oosten van M 6, Vor dem Schlesischen Tor 2a, tel. 030 61 07 43 09, freischwimmer-berlin.de, U: Schlesisches Tor.

Oststrand: ■ M 5, Mühlenstraße 24-26, tel. 030 28 38 55 88, oststrand.de, S: Warschauer Straße.

Strandgut: ■ M 5, Mühlenstraße 61-63, tel. 030 700 85 566, strandgut-berlin.com, S/U: Warschauer Straße.

Freischwimmer in Kreuzberg – op zwoele zomeravonden trekken de Berlijners naar het water

Berliner Festspiele, tel. 030 88 31 582, bar-jeder-vernunft.de, U: Kurfürstendamm of Spichernstraße, kassa ma.-za. 12-19, zo. 15-19 uur. Scherpe, merkwaardige en kunstzinnige theaterproducties uit de hele wereld, uitgevoerd door Meret Becker, Max Raabe, Georgette Dee en Ursli Pfister. U zit aan tafeltjes in het parket of in de chambres séparées van de spiegeltent. Ontspan u, bestel lekker wat te eten of te drinken en maak u op voor een avondje kostelijk amusement.

Berlijn puur – **Berlin Story Salon:** ■ kaart 2, H 4, zie blz. 103.

Drukte en improvisatie – **Chamäleon:** ■ J 3, in de Hackesche Höfen, Mitte, tel. 030 40 00 59 30, kassa ma.-vr. 10-18 uur, tel. 030 400 05 90, chamaeleon-variete.de, S: Hackescher Markt. Eén grote klucht, spel- en levensvreugde, ongecompliceerd, improvisatie en zelfspot – dat is Chamäleon in een notendop.

Beter dan Las Vegas – **Friedrichstadtpalast:** ■ H 3, Friedrichstraße 107, Mitte, tel. 030 23 26 23 26, friedrichstadtpalast.de, U/S: Friedrichstraße, telefonisch kaarten bestellen: ma.-za. 9-20, zo. 10-18 Uhr. De langste rij meisjes ter wereld met in totaal 64 benen is gewoonweg een sensatie. Die kwalificatie is ook van toepassing als er gondels boven de toeschouwers zweven of als er een enorm zwembad uit het toneel omhoogkomt.

Totale onzin – **Quatsch Comedy Club:** ■ H 3, Friedrichstraße 107, Mitte, tel. 0180 525 55 65, quatsch-comedy-club.de, U/S: Friedrichstraße, kassa: ma.-za. 8-20, zo. 10-20 uur. Thomas Hermanns en zijn vrienden zijn de stand-up-comedians van de 'nationale deutsche Humorzentrale'. Vroeger werd er gedanst in deze kleine zaal van het Friedrichstadtpalast.

Comedy pur sang – **Scheinbar:** ■ F 8, Monumentenstraße 9, Schöneberg,

WaterGate is de club met het mooiste uitzicht

tel. 030 784 55 39, scheinbar.de, U: Kleistpark, S: Julius-Leber-Brücke, wo.-za. 20.30 uur. Omdat u pas aan het begin van de voorstelling weet wie er gaat optreden, kan het een aangename verrassing, maar ook een teleurstelling worden.

That's entertainment – **Theater am Potsdamer Platz:** ■ F 5, Marlene-Dietrich-Platz 4, Mitte, kaarten: tel. 0180 544 44 of musicals.de, vanaf € 39, S/U: Potsdamer Platz. Uitstekende musicals op een groot podium.

Zoals in de jaren twintig – **Wintergarten Varieté:** ■ E 6, Potsdamer Straße 96, Schöneberg, telefonisch kaarten bestellen: 030 25 00 88 88, wintergarten-variete.de, U: Kurfürstenstraße, bus 148. Inhakend op de traditie van de jaren twintig van de vorige eeuw leidt in de Wintergarten een conferencier u door het programma met acrobatiek, goochelkunst, muziek en dans. Zeer professioneel en met internationale sterren.

Cafés en kroegen

Klassiek en trendy – **Bar am Lützowplatz:** ■ D 6, Lützowplatz 7, Tiergarten, tel. 030 262 68 07, baramluetzowplatz.com, U: Nollendorfplatz, bus: 100, dag. vanaf 18 uur. Deze bar ligt niet alleen zo centraal als maar kan, maar de professionele en vriendelijke bediening aan de lange toog maakt een verblijf hier een genoegen. Nergens maakt men een betere Planters Punch dan hier. Een overwegend Berlijnse clientèle.

Nooit alleen – **Harry's New York Bar:** ■ D 5, Lützowufer 15 (in Hotel Esplanade), Schöneberg, tel. 030 254 78 86 33, esplanade.de, bus: 100, ma.-do. 18-2, vr., za. 18-3, warme keuken tot 24 uur. Dit moet de 'contactvriendelijkste' bar van Berlijn zijn, vooral tijdens jaarbeurzen, congressen en festivals. Het mannenblad Playboy koos Harry's ooit tot bar van het jaar.

Brits Havanna – **La Casa del Habano:** ■ B 5, Fasanenstraße 9 (in Hotel Savoy), Charlottenburg, tel. 030 31 10 30, hotel-savoy.com, U: Kurfürstendamm, ma.-za. vanaf 11 uur tot laat. La Casa del Habano is een café in de stijl van een Britse bibliotheek, met een gezellige, intellectuele ambiance. De havannasigaren liggen te lonken in een tweedeks humidor.

Bijzonder sfeervol – **Newton Bar:** ■ kaart 2, H 4, Charlottenstraße 57, Mitte, tel. 030 20 29 54 10, newton-bar.de, U: Stadtmitte, ma.-do. 10-3, vr., za., zo. 10-4 uur. Perfect gemixte cocktails voor een jong publiek in een bar die door de Berlijnse architect Hans Kollhoff uit de beste materialen is gecomponeerd. Harde muziek.

Ontspannen genieten – **Windhorst:** ■ G 3, Dorotheenstraße 65, Mitte, tel. 030 20 45 00 70, S/U: Friedrichstraße, ma.-vr. vanaf 18, za. vanaf 21 uur. Günter Windhorst is een klassieke, relaxte barkeeper, bij wie u alleen, met z'n tweeën of met een kleine groep in alle rust van het mooie leven kunt genieten.

Clubs

Collectieve roes – **Berghain:** ■ ten oosten van M 5, Rüdersdorfer Straße 70, bij het Wriezener Bahnhof, Friedrichshain, tel 030 29 36 02 10, berghain.de, S: Ostbahnhof, za. vanaf middernacht tot zo. avond doorlopend geopend, in de zomer ook zo. vanaf 12 uur in de tuin, programma meestal op do., vr., za., zie website. Het in 2004 opgerichte Berghain is gevestigd in een oude warmtekrachtcentrale. De naam is een combinatie van de laatste lettergrepen van Kreuzberg en Friedrichshain. In 2009 werd Berghain uitgeroepen tot de beste technoclub ter wereld. De club is in de wijde omtrek bekend, omdat ongeremdheid en extase hier elk weekend hoogtij vieren. Voor wie in de loop van de nacht aan allerlei verlangens wil toegeven, zijn er darkrooms, donkere gangen en cabines. Het unisekstoilet achter de bar is een ontmoetingsplaats van vrouwen en mannen, van wie sommigen ook op zoek zijn een partner van het eigen geslacht. In de panoramabar komen meer heteroseksuelen.

Tot in de kleine uurtjes – **Cookies:** ■ kaart 2, H 4, in Hotel Westin Grand, ingang Friedrichstraße / Unter den Linden (alleen te herkennen als de club

Bioscoop op de Potsdamer Platz

Voor filmliefhebbers is de Potsdamer Platz de place to be in Berlijn: het jaarlijkse filmfestival vindt hier plaats, in het Sony Center zijn er behalve een filmmuseum ook twee bioscopen, en het hier gelegen Arsenal staat onder cinefielen te boek als de beste bioscoop van Berlijn.
Arsenal: ■ kaart 2, F 5, Potsdamer Straße 2, tel. 030 26 95 51 00. Vertoont films die u nergens anders te zien krijgt.
CinemaxX: ■ kaart 2, F 5, Sony Center, tel. 030 25 92 21 11. De 19 bioscoopzalen bieden plaats aan 3500 bezoekers. Voor elk wat wils.
CineStar: ■ kaart 2, F 5, Sony Center, tel. 030 26 06 64 00. Hier worden films in de originele versie vertoont, sommige met ondertiteling.

Aparte architectuur, prima akoestiek – de Berliner Philharmonie

open is), tel. 030 280 88 06, cookies.ch, S/U: Friedrichstraße, alleen di. en do. 22-5 uur. Kom op tijd, want anders zouden de portiers u wel eens de toegang kunnen weigeren omdat de club helemaal vol zit.

Luisteren en dansen – **Delicious Doughnuts:** ■ J 2, Rosenthaler Straße 9 / Auguststraße, Mitte, tel. 030 28 09 92 74, doughnuts.de, S: Hackescher Markt, dag. vanaf 22 uur. Goede dansmuziek en ook gelegenheid om te loungen. Er zijn hier daadwerkelijk donuts te koop.

Electro funk – **Icon:** ■ ten noorden van K 1, Cantianstraße 15, Prenzlauer Berg, tel. 030 322 97 05 20, iconberlin.de, U: Eberswalder Straße, di. vanaf 23, vr., za. vanaf 23.30 uur (andere dagen gesloten). Uitstekende kelderclub waar drum-'n-bass, electrolounge, funk en hiphop ten gehore worden gebracht. Ook vinden er allerlei party's, concerten en evenementen plaats.

Nastrovje – **Kaffee Burger:** ■ J 2, Torstraße 60, Mitte, tel. 030 28 04 64 95, kaffeeburger.de, U: Rosenthaler Platz, ma.-do. vanaf 20.30, vr., za. vanaf 21, zo. vanaf 19 uur. In de 'Russendisco' leest auteur Wladimir Kaminer voor en drukt hij zijn boeken.

Dance classics – **Knaack Club:** ■ L 1/2, Greifswalder Straße 224, Prenzlauer Berg, tel. 030 442 70 60, knaack-berlin.de, tram: M4, bus: TXL, 200, 240, ma., wo. vanaf 20, vr., za. vanaf 22 uur. Op de drie verdiepingen staat het jonge publiek heel dicht op elkaar gepakt te dansen, boven op mainstream, op de middenverdieping op muziek uit de jaren zestig, zeventig en tachtig en beneden op hardcore.

Chillen aan de oever – **Maria:** ■ L 5, bij de Schillingbrücke, Stralauer Platz 34, vanaf de oever richting Ostbahnhof / East Side Gallery lopen, de ingang is aan de rivierzijde, Friedrichshain, tel. 030 21 23 81 90, clubmaria.de, S:

Ostbahnhof, U: Jannowitzbrücke, ma.-do. vanaf 20, in het weekend vanaf 23 uur. Prima alternatieve locatie, liveacts, chill out. In de bijbehorende kleine club Josef (clubjosef.de) vinden bijzondere evenementen plaats.

Hard en zacht – **Sage:** ■ K 5, Köpenicker Straße 76, Mitte, tel. 030 278 98 30, sage-club.de, U: Heinrich-Heine-Straße, do.-zo. vanaf 22/23/24 uur, do. rock. Tijdens KitKat op vr., za. vanaf 23 uur wordt er in fetisjkleding gedanst op de klanken van house, techno en trance en gaat het vooral om de lichamelijke toenadering.

Ligweide – **Spindler & Klatt:** ■ M 5, Köpenicker Straße 16-17, Kreuzberg, tel. 030 69 56 67 75, spindlerklatt.com, U: Schlesisches Tor, restaurant dag. vanaf 20, clubbing vr., za. vanaf 23 uur. Deze club bevindt zich in een voormalige Pruisische legerbakkerij aan de Spree. De hoofdgerechten (€ 15) worden aan tafel of op bed geserveerd. De muziek wordt in de loop van de avond steeds harder gezet.

Krachtcentrale – **Tresor:** ■ K 5, Köpenicker Straße 70, Mitte, tresorberlin.de, U: Heinrich-Heine-Straße, wo. (zo nu en dan do.), vr., za. vanaf 23 uur. House in alle varianten, en bovendien kunstexposities en lichtshows.

Bij de brug – **WaterGate:** ■ ten oosten van M 6, Falckensteinstraße 49, Kreuzberg, water-gate.de, U: Schlesisches Tor, do.-za. vanaf 23 uur. House, minimal en electro. De club ligt aan het water en biedt uitzicht op de Oberbaumbrücke.

Concerten en opera

Wereldwijd – **Deutsche Oper:** ■ ten westen van A 4, Bismarckstraße 35, Charlottenburg, tel. 030 343 84 01, deutscheoperberlin.de, U: Deutsche Oper, kaarten: ma.-za. 11 uur tot 1 uur voor de voorstelling, zo. 10-14 uur, avondkassa 1 uur voor aanvang. Internationale grootheden in Berlijns grootste en Europa's modernste muziektheater.

Experimenteel – **Komische Oper:** ■ kaart 2, G 4, Behrenstraße 55-57, Mitte, kaarten tel. 030 47 99 74 00 of 0180 530 41 68, komische-oper-berlin.de, U: Französische Straße, bus: 100, kassa: Unter den Linden 41, ma.-za. 9-20, zo. 14-20 uur, lastminutes aan de kassa vanaf 11 uur op de dag van de voorstelling. Het kleinste van de drie operahuizen in Berlijn werd in 1947 geopend. Alle opera's zijn Duitstalig.

Echt alternatief – **Neuköllner Oper:** ■ ten oosten van M 8, Karl-Marx-Straße 131-133, Neukölln, tel. 030 68 89 07 77, neukoellneroper.de, U: Karl-Marx-Straße, bus: 104, kassa di.-vr. en op speeldagen 15-19 uur. De 'alternatieve opera' is uniek voor Berlijn. Dit creatieve gezelschap ontdoet oude muziek van zijn stof, ontwikkelt nieuwe musicals en waagt zich aan taboes.

Een kleurrijk programma met concerten, evenementen en party's, en bovendien diverse restaurants, een goede bioscoop en zo nu en dan een markt – dat heeft de Kulturbrauerei in Prenzlauer Berg allemaal te bieden. De 'cultuurbrouwerij' is gevestigd in bakstenen gebouwen uit het einde van de 19e eeuw.
Kulturbrauerei: ■ ten noorden van K 1, Schönhauser Allee 36-39 / Danziger Straße, Prenzlauer Berg, tel. 030 44 31 51 51, kulturbrauerei.de, U: Eberswalder Straße, tram: 12, M1, M10.

Operaliefhebbers moeten hier beslist eens komen kijken. Hier vlakbij vindt u de Heimathafen Neukölln (Karl-Marx-Straße 141, heimathafen-neukoelln.de), waar opera's, toneelstukken en concerten op het programma staan.

Neusje van de zalm – **Philharmonie:** ■ F 5, Herbert-von-Karajan-Straße 1, Tiergarten, kaarten: tel. 030 25 48 89 99 (alleen met creditcard, dag. 9-18 uur), berliner-philharmoniker.de, U/S: Potsdamer Platz, bus: M29, 200, M41. De thuishaven van de Berliner Philharmoniker. De akoestiek is perfect, ook in de zaal voor kamermuziek. Reserveren is absoluut noodzakelijk.

Tijdelijk ergens anders – **Staatsoper Unter den Linden:** het operagebouw wordt tot 3 oktober 2013 gerenoveerd, men is uitgeweken naar het Schillertheater: ■ A 4, kassa in de foyer, Bismarckstraße 110, Charlottenburg, tel. 030 20 35 45 55, ma.-za. 10-20, zo. 12-20 uur, staatsoper-berlin.de, online kaarten bestellen mogelijk, U: Ernst-Reuter-Platz, vanaf oktober 2013 weer Unter den Linden 7, Mitte. Hét operagebouw van Berlijn werd in de DDR-tijd in de stijl van Frederik de Grote herbouwd.

Homo en lesbisch

Het centrum van het homo-uitgaansgebied ligt rond de **Motzstraße** (▶ C-D 6-7) en de **Fuggerstraße** (▶ C-D 6/7) in Schöneberg, waar Blue Boy Bar, Hafen, Knast, Prinzknecht en Tom's Bar vlak bij elkaar liggen. Alle nadere informatie vindt u in het maandblad voor homo's en lesbiennes 'Siegessäule' (gratis, siegessaeule.de), maar ook schwulesmuseum.de is een goede ingang. De homogids heet 'Out in Berlin' en is verkrijgbaar bij Berlin Tourismus Marketing (BTM, zie blz. 23).

Wam! – **Connection:** ■ C 7, Fuggerstraße 33, Schöneberg, tel. 030 218 14 32, connection-berlin.de, U: Viktoria-Luise-Platz. Vr., za. vanaf 23 uur disco met darkroom.

Gay chat – **mann-o-meter:** ■ D/E 6, Bülowstraße 106, Schöneberg, tel. 030 216 80 08, mann-o-meter.de, U: Nollendorfplatz, dag. 17-22 uur. Informatiecentrum annex café in het hart van de homobuurt.

Legendarisch – **SchwuZ:** ■ G 8, Mehringdamm 61, Kreuzberg, tel. 030 629 08 80, schwuz.de, U: Mehringdamm. Informatiecentrum, disco za. vanaf 23 uur, het café is elke dag open.

Livemuziek

Jazztempel – **A Trane Jazzclub:** ■ A 5, Bleibtreustraße 1, hoek Pestalozzistraße, Charlottenburg, tel. 030 313 25 50, a-trane.de, S: Savignyplatz, dag. concerten vanaf 21 uur, vr., za. tot laat open. Modern jazz, bepop en avantgarde, ook groove jazz, zigeuner-swing met invloeden uit de Indiase deelstaat Rajasthan en pianisten die spontaan wat improviseren.

Van alle markten thuis – **B-flat:** ■ J 2, Rosenthaler Straße 13, Mitte, tel. 030 283 31 23, b-flat-berlin.de, S/U: Hackescher Markt, dag. vanaf 21 uur. Alle soorten jazz live, vlak naast de populaire Griek Skales. Bijna elke dag een liveconcert, niet geënt op een bepaalde stijl, maar veelzijdig en levendig. Internationale gasten en de complete jazzscene uit Berlijn.

Legendarisch – **Quasimodo:** ■ B 5, Kantstraße 12a, Charlottenburg, tel. 030 312 80 86, quasimodo.de, U/S: Zoologischer Garten, di.-za. vanaf 21 uur. In deze jazzkelder onder bioscoop-Delphi klinkt vanaf 22 uur live jazz, blues, folk, funk of rock. Quasimodo is een van de gerenommeerdste liveclubs van Europa, vergelijkbaar met het Jazz Café in Londen en New Morning in Parijs. Het grote terras is in 1998 naar historisch voorbeeld gerestaureerd – een pareltje.

Theater

Volledige belasting – **Berliner Ensemble:** ■ G 3, Bertolt-Brecht-Platz 1, Mitte, tel. 030 28 40 81 55, berliner-ensemble.de, U/S: Friedrichstraße, kaarten ma.-vr. 8-18, za., zon- en feestdagen 11-18 uur. Dit neobarokke theater uit 1892, waar ooit Bertolt Brecht en Helene Weigel de scepter zwaaiden, is na de renovatie door intendant Claus Peymann heropend.

Theaterklassieker – **Deutsches Theater und Kammerspiele:** ■ G 3, Schumannstraße 13a, Mitte, tel. 030 28 44 12 25 (Theater), tel. 030 28 44 12 26 (Kammerspiele), deutschestheater.de, U/S: Friedrichstraße, kaarten ma.-za. 11-18.30, zo. 15-18.30 uur en avondkassa. Het centrum van het Berlijnse theaterleven werd ooit geleid door Max Reinhardt en is sinds 2009 in handen van Ulrich Khuon. Er zijn drie podia: het Große Haus met zeshonderd plaatsen in een zaal uit 1850, de Kammerspiele met circa 230 plaatsen (in 1906 door Max Reinhardt van een modern interieur voorzien) en de in 2006 geopende Box.

Hedendaags – **Maxim-Gorki-Theater:** ■ H 3, Am Festungsgraben 2, Mitte, tel. 030 20 22 11 15, gorki.de, S: Hackescher Markt, bus: 100, 200, kassa ma.-za. 12-18.30, zo. 16-18.30 uur en avondkassa. Armin Petras heeft sinds 2006 de artistieke leiding over dit theater, waar hedendaagse opvoeringen van klassieke drama's en klassiek moderne stukken uit de 19e en 20e eeuw, en producties uit Berlijn worden geprogrammeerd.

Klassiek modern – **Schaubühne:** ■ ten westen van A 6, Kurfürstendamm 153, Wilmersdorf, tel. 030 89 00 23, schaubuehne.de, U: Adenauerplatz, bus: M19, M29, kassa ma.-za. vanaf 11, zon- en feestdagen vanaf 15 uur. Artistiek leider en regisseur Thomas Ostermeier streeft een moderne interpretatie van stukken van William Shakespeare na. Hij heeft daarbij de keuze uit verscheidene kunstenaars die nauw met dit podium verbonden zijn. Regietheater.

Wild en merkwaardig – **Volksbühne:** ■ K 2, Rosa-Luxemburg-Platz, Mitte, tel. 030 247 67 72, volksbuehne-berlin.de, U: Rosa-Luxemburg-Platz, kassa dag. 12-18 uur en avondkassa. Frank Castorf noemde zijn theater een 'pantserkruiser' en zo leidt hij het ook: er vloeit bloed, er wordt geschreeuwd, geslagen en gecopuleerd. Het experimentele theater trekt drommen jonge mensen, ook met de lezingen, discussies en concerten in de Rote en de Grüne Salon.

Experimentele kunst, theater, dans, cabaret, lezingen – Tacheles staat al sinds lange tijd voor alternatieve cultuur in de beste zin van het woord. Maar het is onzeker hoe lang het centrum zich nog zal weten te handhaven. Ooit moet hier nieuwbouw komen en dan is de tijd van Tacheles voorbij (zie ook blz. 39).
Tacheles: ■ H 2, Oranienburger Straße 54-56, Mitte, tel. 030 282 61 85, tacheles.de, U: Oranienburger Tor, S: Oranienburger Straße.

Toeristische woordenlijst

Algemeen

ja, nee	ja, nein
dank u wel	danke
alstublieft	bitte (schön)
goedemorgen	guten Morgen
goedendag	guten Tag
goedenavond	guten Abend
goedenacht	gute Nacht
tot ziens	auf Wiedersehen
hallo	hallo
dag	tschüss
pardon	entschuldigung
het spijt me!	es tut mir leid!
neemt u mij niet kwalijk	entschuldigen Sie mir bitte
let op!	achtung!

Tijd

maandag	Montag
dinsdag	Dienstag
woensdag	Mittwoch
donderdag	Donnerstag
vrijdag	Freitag
zaterdag	Samstag
zondag	Sonntag
zon- en feestdagen	Sonn- und Feiertage
voorjaar	Frühling
zomer	Sommer
najaar	Herbst
winter	Winter
vandaag	heute
gisteren	gestern
eergisteren	vorgestern
morgen	morgen
overmorgen	übermorgen
's ochtends	am Morgen
's middags	am Nachmittag
's avonds	am Abend
wanneer?	wann?
hoe laat is het?	wie spät ist es?

Op weg

bus	Bus
tram	Straßenbahn
metro	U-bahn
taxi	Taxi
halte	Haltestelle
retour	Rückfahrkarte
dagkaart	Tageskarte
ingang	Eingang
uitgang	Ausgang
waar is, zijn …?	wo ist, sind ...?
links (af)	links (ab)
rechts (af)	rechts (ab)
rechtuit	geradeaus
plattegrond	Stadtplan
VVV-kantoor	Fremden-verkehrsbüro
bank	Bank
wisselkantoor	Wechselstube
contant geld	Bargeld
cheque	Scheck
creditcard	Kreditkarte
geldautomaat	Geldautomat
telefoon	Telefon
telefoonkaart	Telefonkarte
post(kantoor)	Postamt
station	Bahnhof
luchthaven	Flughafen
museum	Museum
kerk	Kirche
politie	Polizei
gesloten	geschlossen
geopend	geöffnet

In het hotel

hotel	Hotel
pension	Pension
eenpersoons-kamer	Einzelzimmer
tweepersoons-kamer	Doppelzimmer
bad	Bad
douche	Dusche
sleutel	Schlüssel
handdoek	Handtuch
lift	Fahrstuhl
bagage	Gepäck
paspoort	Pass
identiteits-bewijs	Ausweis

In het restaurant

ontbijt	Frühstück
middageten	Mittagessen

avondeten	Abendessen	servet	Serviette
drinken	trinken	fles	Flasche
eten	essen	glas	Glas
tafel	Tisch	kopje	Tasse
reserveren	reservieren	voorgerecht	Vorspeise
menukaart	Speisekarte	dagmenu	Tagesgericht
wijnkaart	Weinkarte	halve portie	halbe Portion
rekening	Rechnung	nagerecht	Nachspeise
mes	Messer	drankjes	Getränke
vork	Gabel	mineraalwater	Mineralwasser
lepel	Löffel	eet smakelijk!	guten Appetit!
bord	Teller	proost!	prost!

Getallen

1	eins	11	elf	21	einundzwanzig	500	fünfhundert
2	zwei	12	zwölf	30	dreißig	1000	tausend
3	drei	13	dreizehn	40	vierzig		
4	vier	14	vierzehn	50	fünfzig		
5	fünf	15	fünfzehn	60	sechzig		
6	sechs	16	sechzehn	70	siebzig		
7	sieben	17	siebzehn	80	achtzig		
8	acht	18	achtzehn	90	neunzig		
9	neun	19	neunzehn	100	einhundert		
10	zehn	20	zwanzig	200	zweihundert		

Belangrijke zinnen

Spreekt u Engels, Frans? Sprechen Sie Englisch, Französisch?
Ik begrijp u niet. Ich verstehe Sie nicht.
Hebt u Nederlandse, Belgische kranten? Haben Sie niederländische, belgische Zeitungen?
Rijdt de bus naar ...? Fährt der Bus nach ...?
Waar zijn postzegels te koop? Wo bekomme ich Briefmarken?
Waar kan ik telefoneren? Wo kann ich telefonieren?
Waar is een toilet? Wo ist die Toilette?
Hebt u nog een kamer vrij? Haben Sie noch ein Zimmer frei?
Ik zou graag een tweepersoonskamer willen. Ich möchte gerne ein Doppelzimmer.
Kunt u mij een hotel / restaurant aanbevelen? Können Sie mir ein Hotel / Restaurant empfehlen?
De menukaart, alstublieft. Ich hätte gerne die Speisekarte.
De rekening, alstublieft. Die Rechnung bitte.

Register

Fotoverantwoording

Omslag: Engel van de Schlossbrücke en de Fernsehturm (Werner Dieterich, aonline, Frankfurt)

DuMont Bildarchiv, Ostfildern: blz. 74, 94, 108 (Freyer), 47, 62, 78, 100 (Specht)
Giebel,Wieland, Berlijn: blz. 102
istockphoto: blz. 84 (Dreef), 38 (Fischer), 58 (Maxlevoyou), 51 (Nikada)
laif, Köln: blz. 6/7, 17 (Boening/Zenit), 69 (Daams), 34, 54, (Galli), 65 (Geilert/GAFF), 30 (Hoa-qui/Eyedea, Simanor), 81, 107 (Hoffmann), 11, 12, 15, 45, 83, 85, 90, 93, 114 (Knoll), 28/29 (Langrock/Zenit), 88/89, 112 (Le Figaro Magazine, Martin), 99 (Schwelle), 37 (Stahr), 68, 111 (Westrich)
look, München: blz. 39 (Hoffmann), 9 (Zielske)
Mauritius Images, Mittenwald: blz. 43 (Blume), 61 (Pöstges), 48 (Schnürer), 7, 71 (Ypps)

Notities

Notities

Hulp gevraagd!
De informatie in deze reisgids is aan verandering onderhevig. Het kan dus wel eens gebeuren dat u ter plaatse een andere situatie aantreft dan de auteur. Is de tekst niet meer helemaal correct, laat ons dat dan even weten.

Ons adres is:
ANWB Media
Uitgeverij reisboeken
Postbus 93200
2509 BA Den Haag
anwbmedia@anwb.nl

Productie: ANWB Media
Uitgever: Marlies Ellenbroek
Coördinatie: Els Andriesse
Tekst: Wieland Giebel
Vertaling, redactie en opmaak: Pieter Streutker, Uitgeest
Eindredactie: Geert Renting, Dieren
Stramien: Jan Brand, Diemen
Concept: DuMont Reiseverlag, Ostfildern
Grafisch concept: Groschwitz / Blachnierek, Hamburg
Cartografie: DuMont Reisekartografie, Fürstenfeldbruck

Eerste druk
Gedrukt in Italië
ISBN: 978-90-18-03148-0

Paklijst

Steuntje in de rug nodig bij het inpakken?
Door op de ANWB Extra Paklijst aan te vinken wat u mee wilt nemen, gaat u goed voorbereid op reis.
Wij wensen u een prettige vakantie.

Documenten
- ☐ Paspoorten/identiteitsbewijs
- ☐ (Internationaal) rijbewijs
- ☐ ANWB lidmaatschapskaart
- ☐ Visum
- ☐ Vliegticket/instapkaart
- ☐ Kentekenbewijs auto/caravan
- ☐ Wegenwacht Europa Service
- ☐ Reserveringsbewijs
- ☐ Inentingsbewijs

Verzekeringen
- ☐ Reis- en/of annulerings-verzekeringspapieren
- ☐ Pas zorgverzekeraar
- ☐ Groene kaart auto/caravan
- ☐ Aanrijdingsformulier

Geld
- ☐ Bankpas
- ☐ Creditcard
- ☐ Pincodes
- ☐ Contant geld

Medisch
- ☐ Medicijnen + bijsluiters
- ☐ Medische kaart
- ☐ Verbanddoos
- ☐ Reserve bril/lenzen
- ☐ Norit
- ☐ Anticonceptie
- ☐ Reisziektetabletjes
- ☐ Anti-insectenmiddel

Persoonlijke verzorging
- ☐ Toiletgerei
- ☐ Nagelschaar
- ☐ Maandverband/tampons
- ☐ Scheergerei
- ☐ Föhn
- ☐ Handdoeken
- ☐ Zonnebrand

Persoonlijke uitrusting
- ☐ Zonnebril
- ☐ Paraplu
- ☐ Boeken/tijdschriften
- ☐ Spelletjes
- ☐ Mobiele telefoon
- ☐ Foto-/videocamera
- ☐ Dvd- en/of muziekspeler
- ☐ Koptelefoon
- ☐ Oplader elektrische apparaten
- ☐ Wereldstekker
- ☐ Reiswekker
- ☐ Batterijen

Kleding/schoeisel
- ☐ Zwemkleding
- ☐ Onderkleding
- ☐ Nachtkleding
- ☐ Sokken
- ☐ Regenkleding
- ☐ Jas
- ☐ Pet
- ☐ Schoenen
- ☐ Slippers

Onderweg
- ☐ Routekaart
- ☐ Navigatiesysteem
- ☐ Reisgids
- ☐ Taalgids
- ☐ Zakdoeken
- ☐ ANWB veiligheidspakket
- ☐ Schrijfgerei